JN424374

호텔관광 실무용어

신형섭 · 박진희 공저

도서
출판 상학당

欲爲大者 當爲人役

크고자 하거든 남을 섬기라

PREFACEPREFACEPREFACEPREFACEPREFACEPREFACEPREFACE

머 리 말

21세기 호텔산업이 질적·양적으로 성장함에 따라 호텔관광 분야에 대한 올바르고 체계적인 서비스 실무용어집을 실용적으로 연구 응용하여 여러분의 지적 욕구에 부응하고자 하였습니다. 호텔관광경영을 전공하는 학생들이 사전의 현장실무에 필요성을 느끼게 되었고 이에 따라 호텔관광에 대한 올바른 이해를 돕기 위하여 미흡하나마 호텔관광 서비스 실무용어 사전집을 집필하게 되었습니다.

오늘날 호텔관광산업은 호텔관광경영 부문, 객실 부문, 식음료 부문, 카지노 부문, 조리 부문, 관광정보 부분, 기타 부대업장(휘트니스센터)으로 부분적으로 나누어 운영되고 있기 때문에 이에 맞추어 이 실무용어집에서는 독특하고 특이한 표현과 설명을 요하는 용어나 술어를 간편하게 정리하여 각 부문 별로 묶어서 전공자 및 실무자에게 알기 쉽게 배열하였습니다.

제1장 호텔관광경영 부문 용어, 제2장 프런트 객실 부문 용어, 제3장 식음료 및 주장 부문 용어, 제4장 카지노 및 연회장 부문 용어, 제5장 호텔관광 정보회계 부문 용어, 제6장 여행사 부문 용어로 간편하게 설명하였습니다.

이 책이 출간되기까지 노력을 아끼지 않았던 호텔 관계자 및 출판사 여러분께 감사드립니다.

2014. 2.
저자 씀

CONTENTS

차 례

제1장 호텔관광경영 부문 용어

01 호텔 및 숙박시설 부문

제2장 프런트 객실 부문 용어

01 프런트 및 하우스키핑 부문

D. 79

E. 87

F. 90

제3장 식음료 부문 용어

01 레스토랑 및 조리 부문

02 식품 부문

03 식음료 및 주장 부문

제4장 카지노 및 연회장 부문 용어

01 카지노 부문

02 연회장 부문

제5장 호텔관광 정보·회계 부문 용어

01 정보 부문

02 회계 부문

제6장 여행사 부문 용어

01 여행사 부문

6 호텔관광경영 부문 용어

01 호텔 및 숙박시설 부문

01 호텔 및 숙박시설 부문

Accommodations(숙박시설, 숙박설비)

관광 여행객이 여행 중 잠자리를 얻을 수 있는 총 숙박시설을 칭한다. 호텔·모텔·펜션 등을 전통 숙박시설(traditional accommodation)이라 하고 유스호스텔, 레크리에이션 홈, 홀리데이센터, 텐트장, 오두막집, 산간, 방갈로, 캠프장의 캐빈(cabin) 등은 보조적인 숙박시설(supplementary accommodation)이라 부른다.

Affilited Hotel(제휴 호텔)

체인 프랜차이즈 회원호텔 중의 하나로 호텔 상호 간에 주로 예약·선전 업무를 제휴한다. 미국의 베스트 웨스턴(Best Western) 호텔 그룹이 대표적이다.

Airport Hotel(에어포트 호텔)

공항 근처에 있는 호텔이며, 호텔은 현재 세계 각국의 유행처럼 되어 항공사업의 발전과 함께 세계적인 경쟁사업의 하나로 확대일로에 있다.

Airtel(에어텔)

항공편과 호텔숙박만을 결합한 해외여행 상품이다.

사례 : JAL, 요코하마 에어텔 상품 공개

여행 전문 업체가 일본 항공사와 손잡고 항공과 숙박을 결합한 '에어텔' 상품을 선보였다. 오마이호텔은 22일 일본항공(JAL)과 함께 에어텔 상품 3종 '요코하마 잘(JAL) 즐기기'를 선보인다고 밝혔다.

상품은 가격별 3종으로 구성됐다. 요코하마와 접근성과 이 지역 야경 등의 장점을 활용했다. 일본항공이 에어텔 상품을 선보인 것은 처음이다. 오마이호텔과 일본항공 측은 에어텔 상품 예약자들에 내년 2월까지 편의를 제공한다는 방침이다.

인천-나리타 상품 이용객에는 3천엔 상당 나리타 에어포트 리무진 버스 티켓을, 김포-하네다 상품 이용객에는 3천엔 상당 스이카 교통 패스를 제공한다. 오마이호텔, JAL.

American plan(아메리칸 플랜 : Full Pension)

호텔 숙박요금 형식의 일종으로 객실료에 매일 3식의 요금이 포함되어 있다(객실료+American breakfast, lunch, dinner). 별칭용어로 Bed and Board 라고 한다.

Apartment Hotel(아파트 호텔)

장기체재하기에 맞도록 만들어진 호텔이며, Apartment와 Hotel의 합성어이다. 아파트를 임차하는 것과 마찬가지로 운영하나 고정계약이나 점유하지 않고 언제나 원하는 대로 체크아웃 할 수 있다. 대개 수일, 수개월 혹은 연간 기거하는 사람을 대상으로 하며, 집에서 잠시 떠나 있는 사람이나 집이 먼 사람이 이용하며 도심에 입지하는 경향이 있다.

Arcade(아케이드)

호텔의 부대시설 개념으로 임대료를 받는 호텔 내의 상점.

Bermuda Plan(버뮤다 플랜)

호텔요금 형식의 일종으로 객실료에 아메리칸 스타일(american style)의 조식대가 포함되어 있다.

BGM(Background Music)

영업장 배경음악을 말한다.

Boarding House(보딩 하우스)

일반적으로 하숙집·기숙사를 칭한다. 여행자를 대상으로 하는 숙박시설을 의미하는 말로 쓰일 경우에는 호텔보다 시설이나 서비스의 내용이 간소한 것을 뜻한다.

Botel(보텔)

보트(boat)를 이용하여 여행하는 관광객이 주로 이용하는 숙박시설로서 보트를 정박시킬 수 있는 규모가 작은 부두나 해변 등지에 위치한 호텔을 말한다.

Brochure(브로셔 : 팸플릿)

호텔에서 일반적으로 고객들에게 호텔의 광고나 선전을 목적으로 만든 소책자를 말한다.

Bungalow(방갈로)

열대지방 건축 형태로서 목조 2층 건물에 지붕은 야자나 갈댓잎으로 되어 있어 통풍이 잘되는 휴양지의 숙박시설을 말하는데, 한국에서는 해수욕장 주변, 기타 관광지에 설치된 단기 숙박객을 위한 소규모 목조건물을 말한다.

Cabana(카바나)

보통 호텔의 주된 건물로부터 분리되어 수영장이나 해수욕장 내에 위치한 호텔의 객실을 말하며, 침대가 있기도 하고 없기도 한다.

Capacity(수용량, 수용능력)

어떤 시설물을 그곳의 특성과 보통 상태 그대로 유지하면서 이용에 제공될 수 있는 수용량을 말한다.

Casino(카지노)

어원은 중세기 이탈리아의 귀족 별장에서 비롯된 단어로, 18세기경 도시나 해변 등지의 특급호텔, 또는 별장에서 도박 · 춤 등 사교를 위한 오락시설이었다.

Casino General Manager(카지노 제너럴 매니저)

카지노 운영의 최고 책임자로서 각 고용부서와 카지노 설비의 일일 운영에 대한 책임자를 말한다.

Casino Hotel(카지노 호텔)

카지노 호텔이란 호텔 내의 부대시설로서 일종의 갬블링(gambling) 시설을 갖추어놓고 다른 호텔의 경우보다 여기서 발생되는 수입이 훨씬 큰 비율을 차지하고 있는 호텔을 말한다.

Chain Hotel(체인 호텔)

복수의 숙박시설이 하나의 그룹으로 형성하여 운영될 때 그것을 체인 시설이라 부르며, 일반적으로 3개 이상일 때 체인이라 하고 있다.

City Hotel(도시 호텔)

도시의 중심가에 위치하여 비즈니스와 쇼핑 등을 위한 사업가나 상용·공용, 또는 도시를 방문하는 관광객들에게 많이 이용되고 있으며, 호텔은 1~2일의 단기간인 체재객을 대상으로 한다.

Commercial Hotel(상용 호텔 : Business Hotel)

커머셜 호텔이란 사업상의 목적을 가진 투숙객을 대상으로 하는 비즈니스 호텔이며 특성상 주로 도심지 및 상업지역에 위치한다.

Condominium(콘도미니엄 : Time-Share Hotel. Condo)

미국의 분양식 호텔로 주로 리조트에 건설되어 부대시설로서 레저시설을 가지고 공공건물에 개별적으로 소유권을 행사하면서 저당설정과 양도가 가능하며, 그 시설관리의 서비스는 별도의 독립된 회사에 의해 행해지는 숙박 형태이다.

Conference Call(컨퍼런스 콜 : 전화에 의한 회의)

3인 이상이 어떤 의제를 가지고 다자간 통화를 통해 하는 전화회의를 뜻한다.

Continental Plan(대륙식 요금제도 : CP)

콘티넨털 플랜은 유럽에서 일반적으로 사용되는 제도로서 객실요금에 아침식대만 포함되어 있는 요금지급 방식이다. 경영자 측에서는 비교적 저렴한 콘티넨털 블랙퍼스트(continental breakfast)를 식료에 포함시킴으로써 고객에게 큰 부담을 주지 않고 매상을 증진시킬 수 있고, 고객은 별로 부담을 느끼지 않고 아침식사를 할 수 있다는 느낌을 받을 수 있다.

Convention(국제회의)

회의 분야에서 가장 일반적으로 쓰이는 용어로서 정보전달을 주목적으로 하는 정기집회에 많이 사용된다. 과거에는 각 기구나 단체에서 개최되는 연차총회의 의미로 쓰였으나, 요즘은 총회・휴회기간 중 개최되는 각종 소규모 회의, 위원회 등을 포괄적으로 의미하는 용어로 사용된다.

Convention Bureau(컨벤션 뷰로)

국제회의 유치에 필요한 모든 업무를 지원하는 전담팀. 국제회의 유치를 추진하는 국내 관련 단체 관계자들이 대부분 유치를 추진하는 업무에 비전문가이기 때문에 컨설팅을 해 주는 공공 조직이다. 국제회의 유치추진 절차에서부터 행사장 선정, 소요예산 분석, 유치제안서 작성, 현지설명회 개최, 마케팅, 국제기구 임원을 대상으로 한 홍보활동까지 모든 업무를 지원해 준다. 컨벤션 뷰로는 경우에 따라 국제회의 유치에 관한 정보를 얻어 역으로 국내 관련 단체에 유치를 권유하기도 한다. 전 세계 18곳에 있는 관광공사 해외지사도 국제회의 유치에 간접적으로 지원하는 역할을 맡고 있다.

Convention Service Manager(컨벤션 서비스 매니저 : CSM)

컨벤션 사업의 전문직종으로서 호텔의 연회나 다양한 컨벤션 활동의 유치와 모든 제반사항을 총괄하는 총책임자이다.

Conventional Hotel(회의용 호텔)

회의가 잘 열리는 도시에 위치하며 회의가 개최되면 참가자가 숙박할 호텔을 말한다. 대규모 회의 개최 시 많은 사람이 같은 날에 숙박하기 때문에 대규모 호텔인 경우가 많다. 이들의 회의를 위한 큰 규모의 회의장 및 연회장 등의 시설과 영상과 영화를 감상할 수 있는 시설·전시장 등이 필요하다.

Co-Owner Chain Hotel(합자 연쇄경영 호텔)

경영 형태는 호텔이나 모텔이 본사와 개인 투자가와의 합자에 의한 소유형식을 취하는 것이다.

Corporate Guarantee(코퍼레이트 개런티)

상용 여행자의 노 쇼(no show)를 줄이기 위해 호텔과 그 보증인이 이에 관해 재정책임 여하를 계약상으로 협조, 동의한 예약보증의 형태를 말한다.

Cottage(코티지)

남태평양 관광휴양지에 있는 초가 모양의 소규모 단독가옥 형태로 그 지역 특유의 건축양식을 한 휴양 숙박시설을 말한다.

Country Hotel(컨트리 호텔)

컨트리 호텔은 교외라기보다 산간에 지어지는 호텔로 마운틴 호텔(mountain hotel)이라고 부를 수 있는 시티 호텔과 반대되는 개념의 호텔이다.

Demi-Pension(데미 팡숑 : Modified America Plan. Half Pension Dual Plan)

숙박요금제도의 하나로 미국에서는 객실료에 완전한 아침식사 제공과 저녁식사를 합한 것이다. 유럽에서는 객실료와 콘티넨털 조식과 중식이나 또는 석식 중 고객에게 선택하도록 하는 방식이다(객실료+2식).

Down Town Hotel(다운타운 호텔)

다운타운 호텔은 도시와 비즈니스 센터, 쇼핑센터 등의 중심가에 존재하는 호텔로 주 고객은 각종 연회·회의·결혼식·전시·발표회 및 쇼핑 등을 이용하는 고객이다.

두바이 어드레스 다운타운 호텔 : 알마니 호텔과 같은 매니지먼트 회사가 운영하는 호텔로, 두바이 몰을 쉽게 갈 수 있는 장점이 있다.

Dual Plan(혼합식 제도)

듀얼 플랜은 혼합식 요금제도로 고객의 요구에 따라 아메리칸 플랜(American plan)이나 유러피언 플랜(European plan)을 선택할 수 있는 형식이다.

Engineering Department(시설관리부)

호텔건물과 시설의 보수 및 유지를 위한 기술적 업무를 수행하는 부문이다.

Entertainment(엔터테인먼트)

호텔서비스에 있어서 환대·접대·즐거움·오락 등의 의미를 갖는 서비스 개념이다.

European Hotel Coporation(유럽호텔회사 : EHC)

유럽 각국의 항공회사가 대량수송의 점보기 시대에 대처할 수 있도록 각지에 호텔을 건설할 목적으로 설립된 호텔단체이다.

Evening Work(이브닝 워크)

야간작업, 야간근무

Family Hotel(가족 호텔)

1986년 제정·공포된 관광진흥법 및 1987년 7월 1일 대통령령에 의해 신설된 호텔 개념이다. 저렴한 가격의 가족단위 숙박 형태로 공동 취사장이나 가족단위의 개별취사시설을 갖추고 옥내 운동시설과 옥외 운동시설을 갖춘 숙박 형태이다.

First Class Hotel(일등급 호텔)

일류호텔. 호텔의 등급을 매기고 있는 나라에서는 시설기준을 정하고 있으며 일반적으로는 다시 그 상급으로서 디럭스 클래스(deluxe class)의 호텔이 있다.

Floatel(플로텔)

여객선이나 페리호·유람선과 같은 해상을 운행하는 배에 잇는 플로팅(floating) 호텔을 일컫는다. 1982년 신설된 관광숙박업으로 비교적 낡은 선박을 이용한 숙박 형태로서 객실기준은 50실 이상이며 비상발전설비와 해양오염방지를 위한 오수저장 및 처리시설, 폐기물 처리시설을 갖추어야 한다.

Front-of-the House(영업 부문)

호텔의 영업 부문으로서 고객이 정상적인 체재기간 동안 직접 대면하고 접하는 프런트 데스크 서비스와 식음료 서비스가 이 영역에 포함된다.

Full Service(풀 서비스)

호텔·모텔의 제한적 서비스와 대조적으로 호텔 내의 제반 부서로부터 전 제품과 완전한 서비스가 제공됨을 뜻한다.

General Manager(총지배인)

최고 경영진에서 결정한 기본정책 수행의 책임자를 말하며 객실 지배인과 식당 지배인을 지휘·감독하며 기타 부분을 총괄한다. 또는 총지배인은 반드시 고객(소비자), 종사원, 그리고 주주에 대한 책임을 지고 이들 삼자에 대하여 유기적인 관계를 철저히 한다.

Gorvernment Rate(거번먼트 레이트)

정부관직 공무원들에게 적용된 객실 할인율을 말한다.

Guest Elevator(고객전용 엘리베이터)

고객 서비스를 위하여 객실을 왕래하는 벨맨을 제외한 일반 종사원의 출입이 금지된 고객 전용 엘리베이터이다.

Guest House(게스트 하우스 : Tourist Home)

하숙, 여관, 고급하숙, 순례자용의 숙소, 즉, 침실제공을 목적으로 여행자에게 대여할 수 있는 객실을 갖추고 있는 숙박시설 형태의 건물이다.

High Season(하이 시즌 : Peak Season, Tourist Rush Season)

관광객이 가장 많이 방문하는 계절이다.

Highway Hotel(하이웨이 호텔)

이것은 고속도로 주변에 세워진 호텔을 말한다. 자동차로 여행하는 사람을 위한 시설로 모텔과 유사한 호텔이라고 말할 수 있다.

Home Visit System(민박)

민박이란 본래 숙식제공을 본업으로 하지 않는 민가가 방문객을 숙박시켜 영업활동을 하는 숙박시설 형태를 말한다.

Host[(연회 등의) 주최자]

고객을 영접하거나 환영하는 사람이다.

Hostel(호스텔)

배낭여행객 등 개별 관광객의 숙박에 적합한 시설로서 샤워장 · 취사장 등의 편의시설과 외국인 및 내국인 관광객을 위한 문화 · 정보 교류시설 등을 함께 갖추어 이용하게 하는 시설을 말한다.

Hostelry(여관)

일정한 돈을 받고 손님을 묵게 하는 장소로서 다소 문어적인 표현이나, 하숙 또는 여행자를 위한 여인숙을 말한다.

Hotel(호텔)

호텔이란 단순히 숙박과 음식만을 제공하는 시설이 아니라 하나의 기업이다. 기업으로서의 호텔은 이익을 목적으로 숙박과 음식물을 생산하여 판매하는 것은 물론 사적 시설이 아닌 공공에 기여하는 사회적 시설인 동시에 불특정 다수의 일반고객을 대상으로 하는 영업체이다. 호텔의 어원은 라틴어의 Hospitalis라는 형용사의 '환대'를 뜻하는 의미에서 중성어인 '순례자 · 참배자 · 나그네를 위한 숙소'를 뜻하는 Hospital에서 출발하였으며 이 Hospital이 고대 중세의 프랑스어로 Hotel로 되어 근대의 영어로 받아들여져 'S'의 음이 사라지면서 Hotel로 바뀌었다.

Hotel Package(호텔 패키지)

종종 호텔에서 교통편의와 객실 및 기타 부대시설의 사용을 포함한 일괄적인 서비스를 말한다.

Hotel Package Sale(호텔 패키지 판매)

호텔 판매촉진의 한 방법이다. 호텔이 적극적인 고객유치를 위해서 항공사 · 여행사 혹은 호화여객선 회사와 공동으로 단일요금으로 된 여행상품을 개발하여 판매하는 것이다. 이러한 상품은 호텔 객실요금, 식음료, 쇼(show), 그리고 항공편이나 여객선을 이용하도록 하여 일괄요금으로 판매한다.

Hotel Personal(호텔 종사원)

호텔이나 모텔 등과 같은 숙박업소에서 근무하는 종사원 (hotel man)

Hotel Price Policy(호텔요금 정책)

호텔경영에 있어서 객실요금을 책정하는 문제는 가장 중요한 경영정책의 의사결정이며, 판매증진을 위한 최선의 방법이다. 이는 기업의 수익성을 향상시키는 요건이라고 할 수 있다.

House Phone(하우스 폰 : 내선전화)

호텔 로비에 놓여 있는 구내 전용전화를 말한다.

Housing Bureau(숙박 안내소)

정부가 후원을 하며 대규모 회의나 기타 중요 행사 때 숙박 문제를 알선하고 조정하는 안내소를 말한다.

Incentive Pay(인센티브 페이 : Incentive Bonus)

(종사원 등에 대한) 생산성 향상 장려금을 말한다.

Independent Hotel(독립경영 호텔 : Independent Operation)

개인이 호텔 하나만을 운영하는 경우와 그룹사의 경우 호텔업에 투자를 하여 관리인으로 하여금 단독경영을 하게 하는 경우이다. 즉 호텔경영주가 단독적으로 수행해 나가는 것을 의미한다.

Inn(인)

초기의 숙박시설. 간결하고 소박한 숙박시설로 비교적 작은 호텔을 말하여 왔지만, 최근 미국에서 'Inn'의 명칭을 사용하는 호텔이 상당히 많이 설립되어 호텔과 다름없이 훌륭한 것이 많다.

Inside Call(인사이드 콜 : 호텔 내부의 구내전화)

전화교환을 통한 호텔 내 전화사용을 말한다.

Inside Selling(사내판매)

기업의 어떤 팔 물건과 고객이 접촉할 때 추가적 제품이나 서비스가 판매되도록 모색하는 전략으로서, 호텔의 고객에게 호텔 내 헤어숍을 이용하도록 유도하거나 레스토랑 단골 고객에게 식사와 함께 와인을 권유하는 경우이다.

Intangible Product(무형의 상품, 인적 서비스)

호텔 내의 여러 부서의 종사원들이 제공하는 상품(만질 수 없는 상품), 흔히 인적인 서비스가 합쳐져서 제공된다고 할 수 있다.

Internal Sales(내부판매)

호텔에서 판촉을 위하여 회사 전체 또는 종사원들이 호텔상품의 판매를 추구하는 활동이다.

Inventory(인벤토리)

재고조사, 재고품 조사, 재고품 명세서를 점검한다.

Jockey Service(Valet Parking. Parking Boy)

호텔의 현관 서비스의 일종으로 호텔고객의 차가 도착하면 종사원이 직접 운전하여 전용주차장에 주차해주는 서비스이다. 또한 고객의 신속한 호텔출입을 위한 주차대행 서비스이다.

Logo(로고)

(표지 · 의장 · 상표의) 활자, 심벌마크, 상표 혹은 상징 그림을 말한다.

Manual(매뉴얼)

호텔에서의 매뉴얼이란 QSC(Quality, Service, Cleaness)에 근간을 두고 표준을 설정하여 작업의 방법을 구체적으로 지시하는 지침서이다. 즉 작업동작이나 순서를 체계화하는 것이 매뉴얼이다. 일반적으로 호텔의 매뉴얼은 6가지로 나누어진다. ① 조리 매뉴얼(cooking manual), ② 서비스 매뉴얼(service manual), ③ 청소 매뉴얼(cleanliness manual), ④ 운영 매뉴얼(operation manual), ⑤ 부서 매뉴얼(department manual), ⑥ 교육 매뉴얼(training manual) 등이다.

Manual System(매뉴얼 시스템)

매뉴얼 시스템은 전표나 장표를 작성하고 웨이터 전표, 송장(invoice)과 같은 원시기록을 하게 되며, 일기장 · 원장에 기록을 하는 기장제도이다. 이 제도는 매월 총계를 집계하고 분석하여 정확한 기장이 되도록 해야 한다.

Meeting Planner(국제회의기획사 : MP)

국제회의를 기획하고 운영, 평가하는 사람으로 국제회의 전문 용역업체의 국제회의 기획 · 운영 · 업무를 대행해주고 국제회의 관련 부대행사(동반자행사, 사교행사 등), 국제회의 참가자의 숙박, 전시회 개최 등 지원 사업체의 업무를 수행하는 자를 말한다.

Member's Only(회원제 : Membership Club)

일반적으로 특정인이 호텔의 객실, 레스토랑, 스포츠시설, 피트니스 센터, 리조트 클럽 등에 회원으로 가입함으로써 이용이 가능하다.

Metropolitan Hotel(메트로폴리탄 호텔)

대도시에 위치하면서 수천 개의 객실을 보유하고 있는 맘모스 호텔의 무리를 말한다. 이 호텔은 동시에 많은 숙박객을 수용할 수 있고 대 연회장과 전시장, 그리고 대 집회장과 주차장 등을 모두 갖춘 컨벤셔널 호텔이라고 칭할 수 있는 것이다.

MIP(엠아이피 : Most Important Person)

MIP는 VIP(Very Important Person) 고객보다 한 단계 귀한 고객을 말한다.

Motel(모텔)

모텔은 명칭이 표시하는 바와 같이 자동차 여행자들을 대상으로 하여 도로변에 건설된 새로운 형태의 호텔이다. 최근에는 호텔 이상으로 호화롭게 시설하고 있다.

Motor Hotel(모터 호텔)

모텔(motel)과 유사하지만 보다 호화스런 시설을 갖추고 있는 숙박시설이다.

Moter Inn(모터 인)

일반적인 저요금 모텔과는 다른 보통 호텔에 가까운 설비와 분위기를 가진 고급 모텔이다.

Movillage(모빌리지)

자동차(mobile)와 마을(village)을 하나로 묶은 신조어로 자동차 이용 여행자를 위해 계획된 캠프장을 말하며, 그의 목적을 위해 특히 설치된 시설을 오토캠핑(auto-camping)장이라고 한다.

News Letter(호텔사보)

호텔에서 주별 · 월별 · 계절별 등으로 발간하는 호텔의 사업홍보와 광고, 사내 뉴스를 내용으로 하는 책자이다. 특히 호텔의 부대시설과 새로운 호텔상품 소개에 널리 이용된다.

Night Club(나이트클럽 : Night Spot)

야간에 전문적인 스테이지 쇼를 위주로 하여 술과 음료를 판매하는 시설로서 대개 무도를 즐길 수 있는 장소를 갖추고, 바(bar) 영업을 주종으로 하는 것이며 사교장소로도 이용된다.

No Show Employee(무단결근 종사원)

예정 근무일에 회사에 출근하지 않고 결근의 이유도 알리지 않은 종사원을 말한다.

Non-Smoking Area(금연지역)

호텔의 로비, 레스토랑, 기타 부대시설에서 담배를 피우지 말 것을 위해 지정해놓은 장소를 말한다.

Off-Day(오프데이)

종사원의 근무비번 날, 쉬는 날을 말한다.

Off.J.T(직장외훈련 : Off-the-job Training)

직장에서의 실무 또는 작업을 떠나서 전문적으로 실시하는 훈련이다.

OJT(직장훈련)

직장훈련은 감독자가 일하는 과정에서 부하 종업원을 개별적으로 실무 또는 기능에 관하여 훈련시키는 것을 말한다. 이러한 교육은 사고율을 감소시키고, 결근·이직률을 감소시킨다. 또한 낭비 및 기물 파손율이 낮아지며, 아울러 사기, 생산성, 직무지식이나 판매능력이 높아지고, 고객 만족도를 높일 수 있다.

Operating Department(영업부서)

대고객 서비스와 직접 관련되는 부서이다. 즉 커피숍, 레스토랑, 프런트 데스크, 뷔페식당, 라운지, 사우나 등을 말한다.

Operating Equipment(운영비품)

호텔의 운영비품은 리넨·은기류·도기류·유리제품·유니폼 같은 것들이다.

Over Time(오버 타임 : 초과 근무수당)

오버 타임이란 호텔 종사원이 정상 근무시간보다 더 많은 시간을 근무한 경우를 말한다. 호텔 측은 오버 타임 근무시간에 해당하는 근무수당을 지급하게 된다.

Paper Work(문서업무)

서류에 관한 일, 탁상업무를 말한다.

Parent(페어런트 : House Parent)

유스호스텔(youth hostel)의 관리자(지배인)이다.

Pension(팡숑 : 서양식 민박)

유럽에서 발생된 전형적 하숙식 여인숙으로 저렴한 숙박시설에 장기체재형이며, 주변에 레스토랑·음식점이 많은 데서 조식은 제공되지만 석식은 제공되지 않는 것이 통례이다. 소규모의 객실을 보유하고 손님의 접대도 극히 제한된 서비스 외에는 하지 않는다. 비교적 저렴한 숙박비가 매력이다.

Permanent Hotel(퍼머넌트 호텔)

아파트식의 장기체류객을 전문으로 하는 호텔이며, 최소한의 식음료 서비스 시설이 있는 것이 보통이다.

POP(구매시점광고 : Point of Purchase Advertising. In-store 광고)

식음료부서, 연회장소, 선물가게 등의 서비스를 광고할 때 많이 사용하며, 눈에 띄는 장소, 즉 엘리베이터·객실·로비 등에 광고문을 붙여 놓음으로써 고객에게 알리는 광고라고 말할 수 있다.

Professional Congress Organizer(국제회의용역업 : PCO)

각종 전시회 및 국제회의 등의 개최 관련 업무를 행사 주최측으로부터 위임받아 부분적 또는 전체적으로 대행하여 주는 조직체로서 보다 효율적인 컨벤션 준비와 운영을 위한 전문회의 기획자이며 국제회의에 대한 각종 전문용역을 대행한다.

Property to Property Reservation(호텔과 호텔의 예약)

체인 호텔에서 주로 사용하고 있으며, 고객이 호텔과 체인을 맺고 있는 호텔에 투숙하기에 앞서서 호텔 측으로부터 사전에 무료로 예약 서비스를 받을 수 있는 서비스를 말한다.

Pub Bar(펍 바 : Pub Restaurant. Pub)

대중적인 사교장을 말한다. 펍(pup)은 Public House의 약어로서 아일랜드와 영국인들이 사람을 만나고 새 친구를 사귀던 전통적인 선술집이다. 현시대의 호텔산업에 있어서 펍의 형태는 호텔의 종합 사교오락장으로 디스코텍, 생음악 라운지, 당구룸, 레스토랑, 다트(dart) 게임, 전자오락 등을 즐길 수 있는 호텔의 레저공간 장소로 이용되고 있다.

Purchasing(구매)

호텔의 모든 식음료 및 기자재, 가구, 비품류 등을 구입하는 것으로 최대한의 가치효율을 창출하기 위하여 호텔 전 부서의 긴밀한 의사소통과 엄격한 통제의 바탕에서 이루어진다. 상품구매는 상품의 질이 좋고 필요한 양을 저렴한 가격으로 구매하는 것이 구매부의 주요 업무이다.

Representative(호텔 대리인)

호텔의 대리인의 자격으로 공항·터미널 등 외국인 여행자나 관광자가 많이 왕래하는 곳에 근무한다. 호텔 투숙객들을 위하여 객실상황에 관한 정보를 제공하며, 바로 그곳에서 예약의 접수를 받기도 한다.

Requisition Form(청구서)

청구서는 호텔물품을 받기 위한 양식으로 청구서에는 허가를 받은 사인이 있어야 하며, 물품청구 후 하루에 한 번 담당부서에 보내져 엄격한 재고 변동관리에 필요하다.

Reservation Hotel(거주용 호텔)

이 호텔은 주로 장기체류객을 대상으로 하는 주택용 호텔이다. 객실 구조는 침실·거실·응접실·부엌·욕실·화장실 등이 편리하게 갖추어져 있으며, 객실요금은 1주·1개월 요금지급 방식을 채택하고 있다.

Resort Hotel(휴양지 호텔)

관광지 호텔로 보양·휴양 또는 레크리에이션을 목적으로 한 호텔로 해안이나 경치 좋은 곳에 있는 별장식 호텔을 일컫는다.

Rest Room(화장실, 휴게실)

화장실만이 아니라 휴게실의 의미도 있다.

Royalty(로열티)

특허권・실용신안권・상표권 등의 공업소유권(무체재산권)의 사용료를 말한다.

Sales Promotion(판매촉진)

기업이 자사제품이나 서비스의 판매를 촉진하기 위해 수행하는 모든 판매촉진 활동을 포함한다.

Seaport Hotel(항구 호텔)

항구 호텔은 선박이 출발하고 도착하며 정박하는 항구 부근에 위치하고 있으며 여객선이나 크루즈(cruise)를 이용하는 선객과 선박에서 근무하는 승무원 및 선원들이 주로 이용하는 호텔이다.

Second Class Hotel(이등 호텔)

1급 호텔보다 낮은 서비스이지만 편의가 1급으로 제공되는 호텔을 의미한다.

Security(경비)

호텔 경비업무로서 외・내부의 도난, 파괴행위로부터 종사원과 고객을 안전하게 보호하는 업무이다.

Security Department(안전부서)

호텔의 안전부서는 고객에게 안락한 호텔분위기를 제공하는 데에 있어서 중요한 역할을 수행하는 부서이다. 이 부서의 직무역할로는 객실열쇠의 관리, 소방대피 업무, 비상시 대피 업무, 호텔직원 교육업무, 고객재산의 보호, 분실물 처리업무 등이 있다.

Service(서비스)

여기서 말하는 서비스란 어떤 서비스의 대가를 받을 만큼 제공하는 한정된 서비스가 아닌 인간미가 담긴 인적 서비스가 물적 서비스에 부가된 서비스를 뜻한다. 호텔 식음료 부문에서의 서비스는 고객에게 부담을 주지 않는 마음에서 우러나오는 서비스여야 한다. 호텔시설이 아무리 훌륭하고 뛰어나다 하더라도 그 속에서 일하는 종사원의 봉사정신이 결여된 상태에서 사무적이고 기능적인 서비스를 제공한다면 그 훌륭한 시설들은 빛을 잃고 말 것이다.

Service Charge(봉사료 : 팁)

구미의 호텔이나 레스토랑에서는 고객이 종사원의 서비스에 대하여 팁을 지급하는 것이 일반적인 관례이다. 그러나 우리나라는 구미에서 볼 수 있는 것과 같은 팁의 관례는 없다. 따라서 우리나라 호텔의 봉사료는 독특한 제도로 고객의 숙박이나 식음료에 대한 소비액에 일률적으로 10%의 금액을 팁 대신 추가 청구하는 방식이 일반화되었다.

Service Elevator(종사원 승강기 : Back Elevator)

호텔 종사원들이 사용하는 승강기로서 룸서비스, 객실청소 등 직원전용 승강기를 말한다.

Slot Machine(슬롯머신)

슬롯머신이란 투입구에 동전을 넣고 투기의 수단으로 관광호텔에서 오락을 하는 것을 말한다. 세계 최초의 슬롯머신의 이름은 '리버티 벨'로 1895년 미국의 찰스 페이(Chals Pay)가 만들었다. 이것을 모방하여 일본에서 만든 것이 파친코이다. 파친코는 동전을 사용하는 것이 아니라 구슬을 사용하는 구슬치기의 일종이다. 우리나라 관광호텔 슬롯머신 법적 승률은 87%이며, 3년마다 한 번씩 한국정기검사소에서 검증을 받고 승률을 결정하는 회로기판을 봉인하게 되어 있다.

Sontag Hotel(손탁 호텔)

1902년 독일 여인 손탁(프랑스 혈통으로 제정 러시아에서 주로 거주)양이 건립, 프랑스식 식당이 처음 서울에 등장했다. 현재의 서울 정동 이화여고 자리에 최초로 건립, 서양가구・장식품・악기・의류・서양요리를 처음 도입하여 호텔을 운영하였으며 1908년경까지 존속하다가 없어진 것이다.

Suburban Hotel(서버반 호텔)

도시를 벗어나 한산한 교외에 건립된 호텔이다.

Swing Shift(오후교대)

주간 근무자와 야간 근무자 간의 근무교대로 주로 오후 3~4시 사이에 이루어진다.

Tele-Tourist Service(텔레투어리스트 서비스)

관광객용 전화안내 서비스로 오토매틱 서비스(automatic service)라고도 한다.

Telemarketing(텔레마케팅)

호텔기업이 고객을 직접 만나지 않고도 전화나 컴퓨터 등 정보통신 수단을 이용해 매출액을 늘리고 고객만족을 실현하려는 종합적인 마케팅 활동이다. 전화·팩시밀리가 대표적인 텔레마케팅 수단이다.

Terminal Hotel(터미널 호텔)

터미널·종착역에 위치한 호텔로 이른바 철도 스테이션 호텔을 말한다.

Time Card(타임카드)

호텔 종사원의 근무시간 관리를 위해 작성되며 이 카드는 종사원 개인의 호텔 출근시간과 퇴근시간이 기록된다.

Tip(팁, 봉사료)

팁의 배분문제를 제거하기 위하여 계산서에 10%의 서비스료를 포함하여 팁을 받는 경우가 많다.

Toll-free Telephone Lines(무료전화 사용)

호텔에서는 여행사나 호텔의 단골고객을 대상으로 무료전화를 사용하게 하고 있다.

Tourist Hotel(관광호텔)

관광객의 숙박에 적합한 구조 및 설비를 갖추어 이를 이용하게 하는 호텔로 음식을 제공하는 자동차 여행자 호텔, 청소년 호텔, 해상관광 호텔, 휴양콘도미니엄, 리조트 등의 숙박시설 등이 있다.

Transient Hotel(트랜지언트 호텔 : Destination Hotel)

다른 목적지를 가기 위하여 잠시 머무는 단기고객 유치를 위한 호텔이다.

Tuxedo(턱시도 : Dinner Jacket)

남자용 약식 야회복, 연미복의 대용으로 입는다.

Villa(빌라)

부호나 유한계급의 별장에서 유래된 피서·피한·휴양·야외 레크리에이션 활동 등을 위한 휴양지의 숙박시설로 개인 소유자가 대부분이다.

Working Schedule(워킹 스케줄)

근무계획표이다.

Yachtel(요텔)

요트를 타고 여행하는 관광객들을 대상으로 하는 숙박시설이다.

Youth Hostel(유스호스텔)

유스호스텔은 글자가 의미하는 대로 젊은이, 즉 청소년들의 수용을 위한 숙박시설이다. 이는 일반 호텔처럼 기업적인 차원에서의 영리추구에 그 주된 목적이 있는 것이 아니고 일종의 공익성을 추구하는, 다시 말해서 청소년들에게 싼 비용으로 편리하게 숙박하도록 해주는 일종의 사회복지시설에 속한다고 볼 수 있다. 우리나라에서도 1967년에 한국 유스호스텔연맹이 생겨났다. 1991년 12월 31일 개정·공포된 관광진흥법 시행령 제2조는 관광숙박업의 종류 중 종전의 유스호스텔업을 폐지하고, 단체관광객의 수용에 적합한 시설을 갖춘 국민호텔업을 신설하였다. 이에 따라 1993년 1월 1일부터 청소년 기본법의 적용을 받게 되었다. 그러므로 각 유스호스텔들은 국제 유스호스텔 연맹의 상표권을 사용하면서 국제적인 숙박장소로 인정받게 되었다.

02 프런트 객실 부문 용어

01 프런트 및 하우스키핑 부문

01 프런트 및 하우스키핑 부문

Accommodation Change(객실변경 : Room Change)

호텔객실의 보수공사 또는 어쩔 수 없는 상황으로 객실이 블록(block)되어 호텔 측 사정으로 인한 객실변경과 고객의 요청으로 객실을 변경하는 경우를 말한다.

Actual Market Share of Hotel(실제시장 점유율)

총점유객실 수로서 산출되며, 자사호텔의 객실 점유율 경쟁력을 말한다.

Add Change(추가요금)

고객이 퇴숙 정산을 마치고 프런트 캐셔(cashier)에게서 등록카드가 룸 클럭에게 돌아왔는데도 고객이 가지고 있는 키가 제출되지 않은 경우, 또는 룸 랙 슬립(room rack slip) 기록의 예정출발 시간이 경과된 고객에 대하여는 초과 체제 여부를 확인하여야 하며, 상당기간이 연기되는 경우에 고객이 정산하는 요금형식을 말한다.

Adjoining Room(인접객실 : Side by Side Room)

두 방이 통로문 없이 이어져 있는 객실. 객실이 같은 방향으로 복도에 나란히 연결되어 있지만 객실과 객실 사이에 내부 통용문이 없으며 복도를 통해서만 출입이 가능한 일반객실을 말한다.

Advance(전도금)

매매·위탁·청부 등의 계약을 이행하기 전에 건네주는 대금의 일부 금액을 말한다.

Air Conditioner(에어컨디셔너)

실내의 기온을 낮춰 방안을 냉각시키는 장치이다.

Air Mail(에어메일)

항공우편을 말한다.

Amenity(호텔 편의용품)

호텔의 부대시설 및 오락시설을 말한다.

Announcement(어나운스먼트 : 알림, 안내방송)

민방위훈련 또는 호텔 자체의 소방훈련 등에 고객들이 놀라거나 불편한 일이 없도록 사전에 구내방송을 하거나 로비에 안내문을 게시하여 충분한 정보를 제공해주며, 또한 정전이나 단수, 호텔의 개보수 등에도 안내방송이나 안내문 게시를 통해 고객에게 미리 알려주는 업무를 하는 곳이다.

Area Code(에어리어 코드)

전화의 시외국번·지역번호·전화번호의 앞에 붙여지는 지역의 호출번호이다.

Arm Chair(암 체어)

의자의 한 종류로서 팔걸이가 있는 의자를 말한다.

Armstrong(암스트롱)

욕실 바닥을 의미한다.

Arrival, Departure and Change Sheet(고객도착, 출발, 변동상황표)

호텔 모든 고객의 투숙・퇴숙, 그리고 그 외의 변화가 기록되는 고객의 기록변동 카드이다.

Arrival Time(도착시간)

고객이 호텔에 도착한 시간을 구체적으로 고객원장과 등록카드 등에 기록한 것으로서 예약된 시간에 의한 고객의 도착시간이다.

Ashtray(애시트레이)

재떨이

Available Basis Only(총괄적 예약)

호텔 측의 특별한 단체나 개인에게 주어지는 객실, 컨벤션 등에 특별요금이 따르고 예약 없이 사용 가능한 것이다.

Available Room(판매 가능한 객실)

판매 가능한 호텔객실, 즉 판매할 수 있는 호텔의 제반 객실 수를 일컫는 것으로, 호텔이 객실 수 또는 일정한 날짜에 아직 점유되지 않은 객실을 말한다.

Availability Report(객실현황 보고서)

객실 활용을 위하여 예상고객 도착과 출발에 대한 정보로서 일반적으로 당직 지배인이 한다.

Average Daily Room Rate(일일 평균객실료)

호텔의 판매 가능한 객실 중에서 이미 판매된 객실의 총실료를 판매된 객실 수로 나누어 구한 객실료를 말하며, 프런트 오피스 일일업무보고에 유용하게 사용된다.

※ 일일 평균 객실료 $= \dfrac{\text{당일 총매출액}}{\text{판매된 객실 수}}$

Average Rate Per Guest(숙박객 평균객실료)

당일 객실판매 금액을 호텔의 투숙객 수로 나눈 것으로 고객 수에 대한 객실판매의 평균요금이다.

※ 숙박객 평균객실료 $= \dfrac{\text{당일 총매출액}}{\text{객실숙박객 총수}}$

Average Room Rate(평균객실료)

호텔의 판매된 객실 수를 전체 객실수입으로 나누어 구한 값을 말한다.

※ 숙박객 평균객실료 $= \dfrac{\text{전체 객실 매출액}}{\text{판매된 객실 수}}$

Baby Bed(유아용 침대 : Cot. Crib)

어린이용 침대로 어린이를 동반한 가족들이 사용하는 특수침대이며 요금은 부과되지 않는다.

Baby Sitter(베이비시터)

어린아이를 돌보아주는 사람

Back Office(관리부서 : Back of The House)

호텔 내 부서 중 고객과 직접 접촉을 하지 않거나 그 기회가 적은 지원부서로서 경리부·인사부·시설부·구매부 등이 있다.

Back to Back(백투백)

계속적으로 이어지는 입숙·출숙을 의미한다. 여행 도매업자와 여행사에 의해서 알선되는 호텔 단체객의 도착과 출발이 계속적으로 일어나 객실은 항상 판매된 상태이다.

Baggage(짐, 수하물)

여행 시 개인 소유물·수하물을 말한다.

Baggage Down(수하물 운반 서비스 : Baggage Collection)

고객의 체크아웃 시에 고객의 요청에 따라 벨맨이나 포터가 고객의 가방이나 짐을 로비까지 내려다놓는 것을 말한다.

Baggage in Record(수하물 기록대장)

수하물 기록대장으로서 객실번호, 성명, 하물 수량, 시간, 벨맨의 이름 등을 기록한다.

Baggage Net(수하물 덮개, 수하물 망)

객실 투숙객 중에서 잠시 후에 출발예정인 고객의 짐은 로비에 내려다놓고 수하물 망만 씌워놓는다.

Baggage Stand(수하물 받침대 : Baggage Rack)

호텔객실 안에 있는 가구로서 트렁크(trunk) 등 비교적 큰 수하물을 두는 받침대를 말한다.

Baggage Tag(수하물 꼬리표, 하물표 : Luggage Tag)

수하물에 붙여서 소유자를 분명히 하기 위한 표를 말한다.

Bath Maid(배스 메이드)

욕실만을 청소하는 메이드를 말한다.

Bath Mat(배스 매트 : Rubber Met)

고객이 목욕할 때 욕조 안에서 미끄러지는 것을 방지하는 것이며 고무판으로 되어 있다.

Bath Room Tray(배스 룸 트레이)

욕실의 컵을 올려놓는 쟁반이다.

Bath-Tub(배스 터브)

욕조 · 목욕탕을 말한다.

Bathrobe Hook(배스로브 후크)

목욕가운을 걸어놓는 고리이다.

Bed(베드)

매트리스(mattress) 아랫부분을 말한다.

Bed Pad(베드 패드)

매트리스를 보호하기 위하여 까는 침대용 요를 의미한다.

Bed Side Table(베드 사이드 테이블)

침대 옆에 위치하며, 서랍이 달려 있는 테이블을 말한다.

Bed Spread(침대덮개, 침대커버 : Bed Cover)

새로이 판매하는 객실의 침대에 미관상 · 위생상 덮는 것으로 담요와 베개까지 전부 덮는다. 품위 있어 보이는 색상이나 천으로 만들어지며, 가장자리를 늘어뜨려 아늑한 분위기를 만든다. 턴다운 서비스(turn down service) 시에 베드 스프레드(bed spread)는 잘 접어서 옷장에 넣어둔다.

Bell Captain's Log(벨 캡틴 로그 : Call Book)

벨맨의 업무일지를 기록한 보고서

Bell Man(벨맨)

호텔의 현관에서 손님의 하물을 객실까지 운반하며, 또는 고객을 안내하여 숙박절차를 도와주는 업무를 담당하는 종사원이다.

Bell Stand(벨 스탠드)

벨맨 데스크라고 하며, 프런트 데스크에서 볼 수 있는 위치에 인접해 있다.

Best Available(상급예약)

단골고객 또는 주요고객을 위한 서비스로서 가능한 한 고객에게 예약한 것보다 보다 좋은 객실을 제공하는 서비스를 의미한다.

Blade Box(블레이드 박스)

사용한 면도날을 담는 통을 말한다.

Blanket(담요)

호텔객실 담요이다.

Blind Curtain(블라인드 커튼)

차양(遮陽) 커튼을 말한다.

Block(블록)

호텔의 객실, 항공기의 좌석 등을 어느 정도 묶어서 예약하는 일을 블록 예약한다고 하며, 이와 관련된 객실지정 예약으로 고객의 예약을 받을 때 컴퓨터상에 지정예약 표시를 하여 룸 클럭에게 이를 식별하게 한다.

Block Room(블록 룸)

특정 관광단체, 국제회의 참석자, VIP를 위해 한 구역의 호텔객실을 사전에 지정해놓은 것을 말한다.

Book(객실판매)

호텔을 이용하고자 하는 고객들에게 미리 객실을 예약받거나 판매하는 것을 말한다.

Bridge the Bed(브리지 더 베드)

두 개의 트윈 베드를 붙이기 위해 매트리스를 돌리는 것을 말한다.

Building Superintendent(빌딩 슈퍼인텐던트)

호텔 건물의 경비와 보수 관리를 책임지는 사람으로 때로는 어떤 부서에도 속해 있지 않다.

Business Center(비즈니스 센터)

호텔의 상용고객을 위한 부서로서 가정과 사무실의 복합적인 기능을 고려하여 비즈니스 고객을 위한 비서업무·팩스·텔렉스·회의준비·타이핑 등을 서비스하는 부서이다.

Camp-on(캠프온)

객실 또는 구내의 각 부서로 전화연결 시 통화 중일 때 캠프온을 작동하고 잠시 기다리도록 하면 통화 중이던 전화가 끝났을 때 자동적으로 연결되어 통화할 수 있는 시스템이다.

Cancellation(예약취소)

고객이 사용하기로 예약한 호텔시설에 대하여 부득이한 이유로 사전 예약된 것이 취소되는 것을 말한다.

Cancellation Charge(취소요금)

예약의 일방적인 취소에 따른 예약취소 요금을 말하며, 현재 우리나라에서는 1994년 7월 1일부터 전국의 특2급 이상의 호텔에서 실시하고 있다.

Canvas Wagon(캔버스 왜건)

비품이나 리넨을 실어 나르는 카트를 말한다.

Captain(캡틴)

레스토랑에서의 접객 조장. 현관 서비스(uniform service) 분야에서의 벨 캡틴(bell captain)을 의미한다.

Carpet Filter(카펫 필터)

카펫의 탄력을 위하여 밑에 넣은 필터를 말한다.

Carpet Guard(카펫 가드)

카펫이나 소파 세트(sofa set)의 천을 보호하고, 탈색을 방지하는 데 사용한다.

Center Table(센터 테이블)

소파와 이지 체어(소파형의 안락한 의자) 중간에 놓은 테이블.

Chambermaid(체임버메이드 : Room Maid)

객실의 청소와 정돈을 맡은 여자를 말한다.

Chamber Pot(체임버 포트 : Lavatory)

실내용 변기이다.

Check Room(체크 룸)

호텔에서 고객의 내용물을 보관해주는 장소(모자 · 외투 · 가방 · 책 등)이다.

Check-in(체크인 : 입숙)

숙박수속을 뜻하는 고객의 영접 및 등록카드의 작성을 하는 제반 절차를 말한다.

Check-out(체크아웃 : 퇴숙)

숙박을 한 고객이 객실을 비우고, 객실열쇠를 반환, 고객이 계산을 마치고 호텔을 떠나는 것을 말한다.

Check-out Hour(퇴숙시간 : Check-out Time)

고객이 객실을 비워야 하거나 하루의 추가요금이 부과되는 시간의 한계점으로 일반적으로 12시를 기준으로 삼고 있다.

Chest of Drawers(정리함)

서랍이 있는 옷장으로 최근 호텔에서는 이 정리 옷장을 라이팅 데스크 또는 화장대와 겸용할 수 있게 세트한 것이 늘어나고 있다. 이 경우에는 정리 옷장을 놓아둔 벽면에는 대형거울이 달려 있다.

Claim Reservation(클레임 레저베이션)

예약을 하지 않은 상태에서 예약을 하였다고 주장하며 객실을 요구하는 고객을 말하며, 이 경우 객실의 여유가 있을 시 선처하는 것이 좋다. 또한 고객이 예약을 하고 왔으나, 호텔의 실수로 오버부킹(over-booking)이 되어 고객에게 객실을 줄 수 없어 고객이 불평을 하게 된 예약을 의미한다.

Claim Tag(수하물 인환증)

하물을 맡겼을 때의 짐표, 수하물 보관 표찰을 말한다.

Cloak Room(휴대품 보관소)

숙박객 이외의 방문객이나 식사고객 등의 휴대품을 맡아두는 곳이다. 따라서 현관 부근, 식당, 연회장 입구 등에 설치되어 있다.

Closed Dates(만실 날짜 : Full Date, Full House)

객실이 모두 차서 판매가 불가능한 일자를 말한다.

Closet(옷장 : Wardrobe)

벽에 부착된 가구 옷장이다.

CND(시앤디 : Calling Name Display)

객실 투숙객의 이름과 객실번호가 표시되어 나타나는 기계로서 객실에서 손님이 수화기를 들면 등록된 손님이름과 객실번호가 시앤디 기계에 나타나므로 교환원이 응답 시 항상 시앤디를 보며 손님의 이름을 불러준다.

Collect Call(대화자요금 부담통화)

수신자부담의 전화로 수신자가 요금을 지불하는 전화인데 수신자가 요금부담을 거절하는 경우는 통화할 수 없다.

Commercial Rate(커머셜 요금 : COMM)

할인요금의 일종으로, 특정한 기업체나 상업을 목적으로 장기숙박하는 고객에게 일정한 비율을 할인해주는 것이다.

Company Made Reservation(회사보증 예약)

호텔에 도착하는 고객의 관련회사가 보증하는 예약을 말한다.

Compatible Room(컴패터블 룸)

큰 객실을 문으로 구분하여 각각 독립된 객실로 판매가 가능한 객실이다.

Complimentary(무료 : Comp)

호텔의 접대 및 판매촉진을 목적으로 고객에 대하여 요금을 받지 않는 것을 말한다.

Concierge(콘시어지 : 관리인)

호텔 콘시어지는 호텔로비 입구에 위치해 있는 콘시어지 데스크에서 근무하면서 고객이 요구하는 가능한 모든 서비스를 제공해주는 종사원으로 호텔시설 이용정보를 제공하는 것은 물론 관광지, 교통, 식당, 쇼핑, 항공기나 교통편 예약부터 공연티켓 예약, 렌터카나 리무진 예약 등을 대행한다. 따라서 고객의 다양한 요구에 응대하기 위하여 폭넓은 커버력과 고객과 밀착형 서비스가 요구된다. 그동안은 특급호텔에서만 콘시어지 서비스를 두고 있었지만, 최근에는 서비스 관련 분야의 기업에서도 적용되고 있다.

Conductor Free(컨덕터 프리)

일정한 수의 객실을 사용하는 단체고객 중 한 사람에게 무료로 객실을 제공하는 것을 말한다.

Confirmation Slip(예약확인서)

호텔객실을 예약한 고객에게 예약에 이상 없음을 알려주는 확인서로서 투숙자명, 도착일, 출발일, 객실 종류 등 필요한 사항을 기입하여 고객에게 예약사항을 확인케 하는 것이다.

Connecting Door(커넥팅 도어)

객실과 객실 사이를 통하는 사이 문을 말한다.

Connecting Room(커넥팅 룸)

인접한 객실로 연결된 문이 있는 것으로 객실과 객실 사이에 통용문이 있다. 서로 열쇠가 없이 드나들 수 있는 통용객실로서 가족여행이나 단체여행에 편리를 도모한다.

Consent Box(콘센트 박스)

나이트 테이블(night table) 뒷면 바닥에 설치된 전기 박스를 말한다.

Control Chart(컨트롤 차트 : Control Sheet)

예약 조정 상황표이다.

Conventional Bed(컨벤셔널 베드)

재래식 구조로 된 침대로서 헤드 보드(head board : 침대의 머리판)와 풋 보드(foot board)가 붙어 있다. 이것은 침대의 프레임에서 약간 낮게 매트리스가 꼭 끼어 들어가게 되어 있는 침대이다.

Copy Key(카피 키)

처음 발행한 뉴 게스트 키(new guest key)를 인원수 추가의 경우 고객의 요청에 의해 똑같은 열쇠를 발행하여주는데 이것을 카피 키라고 한다.

Corner Room(코너 룸)

호텔 건물의 구석에 위치해 있는 객실을 말한다.

Curtain Pin(커튼 핀)

커튼을 러너(runner)에 걸기 위하여 커튼에 꽂는 핀이다.

Curtain Rail(커튼 레일)

커튼을 열고 닫기 위하여 위에 설치된 레일을 말한다.

Cut-off Date(컷오프 데이트)

고객이 호텔에 사전 예약한 객실을 사용하지 않을 경우 일반고객에게 예약을 받는 경우의 날짜를 말한다.

Cut-off Hour(컷오프 아워)

호텔의 예약된 객실이 사용되지 않을 경우 일반고객에게 객실을 배정하는 경우를 말한다.

Daily Pick-up Guest(당일예약 : Today' Reservation)

당일 객실 예약을 원하는 고객은 예약실에서 처리하는 것이 아니라 일반적으로 호텔 프런트에서 당일의 객실 상황을 파악하여 판매 가능한 객실이 있을 때 당일의 예약을 접수하게 된다.

Day Shift(데이 시프트)

호텔 종업원의 근무시간으로서 보통 07:00~15:00까지를 말한다.

Day Use Charge(분할요금 : Part Day Use. Day Rate)

호텔에서 객실 점유율을 높이기 위하여 주간에만 호텔이나 모텔을 사용하는 고객들에게 할인된 요금으로 부과하는 요금방법이다. 'Use Rate'이라고도 한다.

DDD(시외전화 : Direct Distance Dialing)

직접 다이얼 통화로, 시외구역 밖의 근접지역에 대한 전화를 말한다.

Dead Room Change(데드 룸 체인지)

투숙한 고객의 부재로 인해 호텔이 물리적으로 객실을 변경하는 것을 말한다.

Delivery Service(딜리버리 서비스)

서비스 담당자는 고객의 각종 메시지, 우편물, 팩스(fax), 텔렉스(telex) 등을 프런트 클럭(front clerk) 요청 시 신속히 배달하며, 팩스나 텔렉스는 필히 고객의 서명을 받아야 한다. 외부에서 들어온 꽃·과일·선물상자 등은 임의로 객실에 넣지 말고 꼭 프런트에 확인하여 지시를 받는다.

Deluxe(디럭스 : De Luxe)

각종 다양한 서비스를 하는 최상급 호화호텔로 최고의 요리가 제공된다.

Density Board(객실 현황판 : Density Chart. Tally Sheet)

예약객실 수를 유형별로 싱글(single), 트윈(twin), 더블(double), 스위트(suit) 등으로 나누어 구별하기 쉽게 표시하여 예약을 통제하는 현황판.

Departure Date Change(출발일자 변경)

호텔에 투숙한 고객의 사정에 의하여 예정한 출발일을 연장하거나 앞당기는 일을 말한다.

Departure List(출발객 명부)

당일에 체크아웃(퇴숙)할 고객과 룸(room)에 대한 정보를 나타내는 보고서이다.

Deposit(디포짓 : DEPO)

선수금 · 예약금을 말한다.

Desk Stand(데스크 스탠드)

객실 안의 책상 위에 놓는 전기스탠드이다.

Detergent Holder(디터전트 홀더)

청소용 세제를 담는 통이다.

Did Not Stay(등록즉시 출발 : DNS)

고객이 등록을 마쳤으나 호텔에 체류하지 않거나 조기퇴숙을 의미한다.

Direct Mail(다이렉트 메일 : DM)

호텔의 판촉 담당직원이 보다 많은 고객을 유치하기 위해서 고객의 가정이나 거래처 회사, 여행사, 각종 사회단체 등에 발송하는 호텔의 인센티브를 살린 다양한 형식의 안내우편물을 말한다.

Discount of Guide Rate(가이드 할인요금)

고객을 인솔하는 안내자 및 여행사 종사원에 대해 숙박요금을 할인하는 제도이다. 일반적으로 여행사가 모집한 관광여행자들을 여행사 종사원이 동반하여 여행할 때 그 여행사 종사원에게 적용하는 할인 숙박료이다.

Discount Group Rate(단체 할인요금)

여행알선업자와의 계약을 통해 단체고객에게 제공하는 할인요금이다.

Disputed Bills(디스퓨티드 빌)

지불을 하지 않으려는 고객의 계산서(bill)를 말한다.

DNS(숙박하지 않음 : Do Not Stay)

숙박등록을 마친 후 어떠한 사유에 의해 숙박을 하지 않는 경우, 그 등록카드에 D.N.S(Do Not Stay) 즉, '숙박하지 않음'이란 스탬프(stamp)를 찍어 취소할 수 있다.

Do Not Disturb(방해금지 : DND)

DD카드는 'Don't Disturb'라고 써져 있는 카드를 말하며 늦게까지 객실에서 자거나 지내고 싶을 때 객실청소 등으로 방해받고 싶지 않다면 DD카드를 객실 바깥 손잡이에 걸어 둔다. 'Do Not Disturb' 카드 뒷면은 'Make-Up' 카드로서 룸 메이드(room maid)가 청소를 하기 바란다는 표시의 문구가 되어 있다.

Dock(도크)

호텔의 후문이다. 호텔에서 필요로 하는 용품제공 장소이며, 종사원의 출입구, 빈병 및 빈상자 보관하는 장소, 쓰레기 반출 장소이다.

Door Backing(도어 배킹)

객실문을 닫을 때, 충격을 방지하기 위한 고무장치이다.

Door Bed(도어 베드)

헤드 보드(head board)가 벽에 연결되어 있어 야간에는 90°로 회전하여 침대로 쓸 수 있는 침대를 말한다.

Door Chain(도어 체인)

객실문을 안에서 거는 쇠줄(방범용으로 5~6cm만 문짝이 열리도록 된 장치)을 말한다.

Door Holder(도어 홀더)

문이 떨어지지 않도록 위·아래에서 고정시킨 장치이다.

Door Knob Menu(도어 놉 메뉴)

룸서비스에서 객실손님을 위해 객실문 손잡이에 걸어둔 주문표를 말한다.

Door Man(도어맨)

호텔에 도착하는 고객을 현관 앞에서 마중하여 짐을 내리거나 차를 주차장에 옮기는 사람을 말한다.

Door Open Service(도어 오픈 서비스)

투숙객이 열쇠를 분실 혹은 객실 내에 있을 때 고객의 요청에 의하여 사용된다. 프런트 데스크에서 고객의 객실이 맞는지 확인하고 벨맨을 시켜 마스터 키(master key)로 문을 열어주는 서비스를 도어 오픈 서비스라고 한다.

Door Stopper(도어 스토퍼)

문이 벽과 부딪히는 것을 방지하기 위한 장치이다.

Door View(도어 뷰)

객실 안에서 밖을 내다보는 장치이다.

Double-Double(더블-더블 : Twin Double Family Room)

2개의 더블베드를 가지고 있는 침실, 또는 2명부터 4명까지 수용할 수 있는 객실을 말한다.

Double-Locked Door(더블 락트 도어)

호텔에 투숙하는 고객 중 귀중품과 비밀 물건을 많이 소지하고 숙박하는 고객에게 절대 안전을 위해서 이중으로 잠기는 특별장치의 문이 달린 객실을 제공하는데 이 문을 말한다.

Double Occupancy(더블 오큐펀시)

객실에 두 명이 투숙하는 것을 말한다. 판매된 객실 수에 두 배로 투숙하는 비유이다. 이를 통하여 식음료·세탁, 기타 부대시설 등에 관한 예상을 할 수가 있고 호텔의 평균 객실 요금을 분석하는 데 좋은 정보가 될 수 있다.

Double Occupancy Percentage(2인용 객실 사용률)

총숙박객 수에 대한 2인용 객실사용 수의 비율을 말하는 것으로 공식을 살펴보면 다음과 같다.

① ※ $2인용\ 객실\ 점유율 = \frac{고객의\ 수 - 판매된\ 객실\ 수}{판매된\ 객실\ 수} \times 100$

② ※ $객실당\ 투숙인원\ 수 = \frac{고객인원\ 수}{판매된\ 객실\ 수}$

Double Occupancy Rate(더블 오큐펀시 가격)

객실 하나에 두 명이 기본인데 한 사람씩 계산하는 것으로 관광객을 위한 객실가격이다.

Double Room(더블 룸)

2인용 침대를 갖춘 객실로 객실의 넓이는 16m^2 이상이며, 침대의 규격은 138×195cm 이상이다.

Double with Bath(더블 위드 배스 : DW / B, DWB)

2인용 객실로 욕실을 갖춘 침실을 말한다.

Down Grading(다운 그레이딩 : Down-Grade, Down-G.)

호텔객실 사정으로 인해 예약받은 객실가격보다 저렴한 가격으로 고객을 객실에 투숙시키는 것을 말한다. 이때 가격도 변경된 객실의 가격으로 조정시켜야만 한다.

Dressing Mirror(드레싱 미러)

화장대 거울을 말한다.

Dump(덤프)

호텔고객이 지정된 예약날짜나 시간보다 미리 퇴숙절차를 받는 것을 말한다.

Duo Bed(듀오 베드)

낮에는 싱글베드와 소파로 활용이 되고, 벽 쪽으로 직각이 되게 접으면 나이트 테이블이 된다. 밤에는 싱글베드 부분을 90° 회전시켜 소파에 밀착시키면 더블베드로 사용할 수 있다.

Duty Manager(당직 지배인)

호텔 현관입구에 위치해 있으며, 고객의 불평불만 처리와 비상사태 및 총지배인 부재 시 직무대리 등 일반적으로 야간에 출근해서 그 다음날 오전까지 근무한다.

Early Arrival(조기도착 고객)

예약한 일자보다 하루 내지 이틀 빨리 도착하는 고객을 말한다.

Early Arrival Occupancy(조기도착 점유)

아침 일찍 도착하여 체크인(check-in) 시간 전에 입실할 수 있도록 객실을 보존하는 일로 수배 및 단체비 견적상 특히 유의할 필요가 있다.

Early Check-out(조기출발)

호텔이 정한 체크아웃 타임(check-out time, 정오 12:00)보다 일찍, 새벽이나 식사 전에 출발하는 경우를 말한다.

East Asia Travel Association(동아시아관광협회 : EATA)

동아시아관광협회는 아시아 동부지역에 위치하고 있는 국가로서 한국 · 일본 · 싱가포르 · 홍콩 · 대만 · 마카오 · 필리핀 · 태국 등 8개국의 대표가 동아시아 지역의 관광발전을 도모하기 위하여 1966년 3월 일본 도쿄에서 결성된 관광기구이다.

Easy Chair(이지 체어)

소파형의 안락한 의자를 말한다.

Emergency Exit(비상구 : Emergency Door)

화재 따위의 긴급한 사고에 대비하여 피해나갈 수 있게 특별히 만들어 두는 문이다.

Emergency Light(비상등)

객실 천장에 설치되어 모든 객실에 전기가 안 들어올 경우 호텔 자체 발전시설에 의하여 작동되는 비상등(평상시에는 전기가 들어오지 않음)을 말한다.

European Plan(유러피언 플랜)

서구식 경영 방식으로서 숙박요금에 식사요금을 포함시키지 않고 숙박요금과 식사요금을 각각 구분하여 계산하는 요금제도이다.

Executive Floor(귀빈층 : EFL. Executive Club. Regency Club. Grand Club. Executive Salon. Towers)

EFL은 '호텔 내의 호텔', '귀빈층'이라 불리고 있으며, 잦은 해외출장, 바쁜 스케줄, 복잡한 업무에 시달리는 현대 비즈니스맨들을 위해 보다 신속하고 정확하며 차별화된 서비스와 안락함과 편안함을 제공하는 호텔 내의 특별층으로 콘시어지(concierge)가 상주하면서 항공, 타 호텔 예약, 비서업무, 통역, 클럽 라운지 운영, 익스프레스 체크인(express check-in) 및 체크아웃(check-out), 회의 등 세심한 어메너티(amenity) 제공을 하는 층이다.

EFL의 특징

1. EFL은 일반 객실보다 2만원에서 3만5천원 정도 가격이 높게 형성되어 있으며 요금은 호텔별로 약간 차이가 있다.
2. 투숙객을 위한 전용 라운지가 있어 EFL 고객만을 보살펴주는 EFL 상주 리셉셔니스트(receptionist)가 있고 각종 서비스가 제공된다. 입숙 시 사전등록으로 접수계에서 기다리는 번거로움을 배제하고 호텔 도착 즉시 GRO(Guest Relation Officer)의 영접으로 라운지에서 차를 마시며 서명만으로 등록을 하고 퇴숙 시에는 라운지에서 커피를 마시면서 익스프레스 체크아웃(express check-out)이 제공된다. 아침식사가 무료로 제공된다. 비즈니스맨을 위한 각종 사무기기인 복사기 · 팩시밀리 · 컴퓨터 · 타자기 등을 구비해놓아 무료로 제공된다. 환담을 할 수 있는 작은 회의실이 무료로 제공된다.

Expert Service(엑스퍼트 서비스)

일급 서비스 혹은 숙련된 전문가의 서비스를 말한다.

Express Check-in/out(익스프레스 체크인/아웃)

손님이 호텔 투숙 시 프런트를 거치지 않고 곧바로 룸으로 가서 등록할 수 있는 제도이다.

Extension(익스텐션)

연기 · 연장을 의미한다.

Extra Bed(추가침대)

침대가 부족할 때 추가하는 간이용 침대. 객실에 정원 이상의 손님을 숙박시킬 경우 임시로 설치한 침대로 보통 접는 식의 이동하기 쉬운 'Roll Away Bed'를 말한다.

Extra Charge(특별비용)

체크아웃 타임(check-out time) 이후 객실을 사용하는 경우의 초과요금이나 통상요금 이외의 비용이다.

Familiarization Rate(퍼밀리어리제이션 요금 : Fam. Rate)

호텔에서 가족 숙박객을 위하여 객실 · 식음료 등이 할인된 요금이다.

Family Plan(패밀리 플랜)

가족동반 할인요금을 말한다.

Fances Room Rate(팬스 객실요금)

고객의 욕구 및 지급능력을 기초로 하여 적절한 요금정책을 수립함에 있어 합리적인 제한방법으로 매출을 극대화하는 방법에 의한 객실요금을 책정하는 것이다.

Farm-out(팜 아웃)

고객을 더 받을 수 없어 예약된 고객을 빈 객실이 있는 다른 호텔로 보내는 경우이다. 이러한 것은 고객이 예약을 하였다 하더라도 객실을 판매할 수 없을 경우에만 적용된다.

Fire Alarm(화재경보기)

화재 시 벨을 울려주는 기구이다.

Fire Lamp(파이어 램프)

화재 시 켜지는 등(복도 객실 옆에 있음)을 말한다.

Fire Spray(파이어 스프레이)

화재 시 분무 형식으로 물을 뿌려주는 장치이다.

FIT(외국인 개인여행객 : Foreign Independent Tour)

개인으로 움직이는 여행 및 여행자로서 원래는 '개인 또는 소수인으로 탑승원이 함께 앉는 여행'에 대한 호칭이었지만, 오늘날에는 외국인 개인여행객을 말한다.

Flat Rate(균일요금)

단체고객이 호텔에 숙박하는 경우 요금이 다른 객실을 사용하더라도 그것을 균일화한 특별요금을 말한다.

Floor Clerk(플로어 클럭)

각 층에서 프런트 클럭(front clerk)의 제 임무와 직능을 함께 수행하는 직원을 말한다.

Floor Station(플로어 스테이션)

객실의 정비나 장비를 위한 장소의 개념으로 가구류 · 집기류 등이 설비되어 있고 또한 리넨 등을 수납한 창고 및 냉장고 설비가 되어 있는 장소이다.

Floor Supervisor(층 감독자 : Floor Housekeeper. Inspector. Inspectress)

하우스키핑의 층 감독자는 객실의 한 층이나 여러 층과 같은 호텔 내의 특정한 장소에 대한 임무가 주어진다. 그리고 하우스키핑 종사원들이 그들의 업무를 수행하는 데 필요한 보급품이나 도구를 갖추고 있는지 살피고, 종사원 각각의 작업상황을 직접 감독한다.

Fold Bed(접는 침대 : Murphy Bed)

호텔객실에 있는 침대로서 취침 전·후에 접을 수 있게 만들어져 객실공간 활용에 좋다.

Folding Screen(폴딩 스크린)

병풍을 말한다.

Foot Light(풋 라이트)

나이트 테이블 밑에 설치되어 있는 램프이다.

Foot Stool(풋 스툴)

키가 큰 고객을 위하여 넣어두며, 침대 뒤에 바싹 붙여 침대를 꾸밀 때 시트와 담요를 펴서 꾸민다.

Footman(풋맨)

특급호텔에서나 볼 수 있는 직종으로 호텔에 도착·출발하는 고객에게 좋은 인상을 주기 위해 마련된 서비스의 발전된 형태이다. 보통 도어맨(door man)이나 벨맨(bell man)이 이 직무를 수행하게 되고 객실지정, 키(key), 우편물 취급, 고객의 불화 해소, 안내, 모든 요금의 계산, 체크아웃 처리, 주임이나 현관 지배인, 객실과장의 지시·감독을 받는다.

Forecast(예상, 예측)

과거의 영업실적을 분석하여 현시점에서 미래에 대한 고객의 수요예측, 호텔상품의 판매 등 영업예측 활동을 말한다. 영업예측은 원별 · 분기별 · 연별로 구분하기도 하며, 단기 · 중기 · 장기 예측으로 구별되기도 한다.

Forecast Scheduling(예상, 계획)

호텔의 판매예상을 기초로 하여 사업설정을 미리 설정하고 평가하여 일의 스케줄을 조정한다. 일반적으로 컨벤션, 단체고객, 이벤트 사업 등 호텔 모든 부서의 예상활동을 예측하는 것이다.

Fragile Tag(깨질 물품 표지)

고객이 물품보관소에 수하물을 보관할 경우 주류 등 깨어지고 부서지기 쉬운 물품의 취급에 주의를 요하는 표지를 말한다.

Free Sale(프리 세일 : Sell and Report)

여행사나 항공사 대리점 또는 호텔 대리인 등이 호텔에 명확한 정보나 허락 없이 객실을 판매하도록 위탁하는 경우를 말한다.

Front Office(프런트 오피스)

프런트 오피스는 현관사무실로 고객과 호텔 간의 중간적인 위치에 놓여 있는 곳이다. 호텔에 숙박을 하기 위하여 찾아오는 도착객을 접객하는 곳이며, 고객의 숙박기간 중의 안내소이고, 고객이 호텔을 출발할 때에 마지막으로 환송하는 호텔의 창구 역할을 한다.

Front Office Lay-out(현관 구도)

호텔현관 배치구도의 설정은 호텔고객에 있어서는 매력적이고 다정한 분위기의 외관을 요하고, 경영주에게는 경영상 가장 효과적이며 능률적이고 또한 경제적이어야 한다.

Front Office Manager(현관 지배인)

호텔수입의 원천을 이루는 현관의 중요성을 재삼 강조할 필요가 없겠지만, 이 부서의 총책임자가 곧 현관 지배인인 것이다. 우리나라에서는 보통 객실과장이 이 업무를 맡고 있다.

Full Board(풀 보드 : 3식이 딸린 식사)

아메리칸 플랜과 동일하나 세금을 추가하여 받는다.

Full House(만실 : No Vacancy)

모든 객실이 점유되어 100%의 판매율을 나타낸다는 뜻이다.

General Clean(대청소)

정기적으로 객실과 연회실을 철저히 청소하는 것을 일컬으며, 대체로 비수기 동안에 행해진다.

Go Show(고 쇼)

호텔의 빈 객실(vacant room)이 없을 경우 체크인(check-in) 예정고객 중 예약취소나 노 쇼(no show)로 빈 객실을 구하려고 기다리는 고객을 말한다.

Grip Bar(그립 바)

욕조 안에서 일어날 때 미끄러지는 것을 방지하기 위한 손잡이를 말한다.

Group Coordinator(단체 담당직원)

그룹 코디네이터는 단체고객에 대한 숙박등록, 객실배정, 단체투숙자 명단의 접수 및 정리를 하고, 식사시간, 식사의 종류, 식사의 요금, 식사장소, 행사장 등에 기존 예약단체에 대해서는 확인을 하고, 미 예약단체에 대해서는 예약을 접수하며, 관계부서에 해당사항을 연락하고 조정하는 등의 중요한 업무를 담당하는 종사원이다.

Guaranteed Rate(개런티드 요금)

호텔과 일반기업 간의 계약으로 매년마다 기업에 의해 사용하는 객실 점유율을 고려하여 점유기간과 관계없이 정찰가격에 대한 보증금이다.

Guaranteed Reservation(지급보증 예약 : Guaranteed Payment)

이미 예약이 확인된 고객이 호텔사정으로 투숙이 불가능한 경우에는 타 호텔에 투숙할 객실료의 지불과 아울러 왕복 교통비를 고객에게 지불한다.

Guest Count(고객 수)

투숙고객 수, 즉 등록된 고객의 수를 말한다.

Guest Day(고객 일일숙박)

한 명의 고객이 한 호텔이나 모텔, 기타 숙박업소에 당일숙박을 한 경우 업소규정에서 정한 일일숙박 기준에 의하여 체크아웃이 된 고객을 말한다.

Guest History Card(고객이력 카드, 고객관리 카드)

고객이 과거에 여러 번 방문한 기록을 보존하는 카드로서 고객의 방문횟수, 사용객실, 사용기간, 특별한 선호도 등을 기록하여 기존고객을 보다 효과적으로 관리하기 위해 사용된다.

Guest Relation Officer(고객상담 : GRO)

GRO는 일반적으로 외국인 고객들의 편의를 제공하기 위하여 고객 상담 및 안내를 맡은 직종을 말한다. 주로 호텔의 귀빈을 상대로 호텔편의를 제공하는 고객관리 전담요원이라 할 수 있다.

Guide Rate(가이드 요금)

여행단체를 받아들이는 호텔 측과 여행알선업자 사이에 적용되는 특별요금 제도를 말한다.

Hall Porter(홀 포터 : Bell Boy)

호텔의 출입구에서 손님의 화물이나 심부름을 하는 종업원을 말한다.

Handle with Care(핸들 위드 케어)

취급주의를 말한다.

Hanger Rod(행어 로드)

옷걸이 대를 말한다.

Hard Board(하드 보드)

허리가 아픈 고객을 위하여 침대와 매트리스 사이에 넣어 주는 나무판을 말한다.

Head Board(헤드 보드)

객실 안에 있는 침대의 머리 판을 말한다.

Held Luggage(헬드 러기지)

숙박료 지급 대신에 고객의 물건을 담보로 잡아두는 것을 말한다.

Hide-a Bed(하이어 베드)

침대가 소파 밑에 있어 침대와 소파를 겸용할 수 있는 침대를 말한다.

Hold for Arrival Stamp(홀드 퍼 어라이벌 스탬프)

우편물 도착 표시를 말한다.

Hold Room Charge(홀드 룸 차지)

투숙한 고객이 단기간의 지방여행을 떠나면서 수하물을 그대로 객실에 남겨두고 나가는 것으로 객실료는 100% 차지(charge)를 받는다.

Hollywood Length(할리우드 렝스)

보통 여분이 긴 베드로서 240~250cm의 길이로 특별한 고객을 위한 침대이다.

Hospitality Suite(환대실)

호텔의 객실 종류의 하나로 욕실이 붙은 베드룸과 응접실을 겸한 객실로 이루어진 특별실을 말한다.

Hotel Pay(호텔요금)

호텔객실의 요금계산 기준시간이며, 우리나라는 정오부터 그 다음날 정오까지이다.

Hotel Poter(호텔 포터)

호텔에서 고객의 짐을 운반하는 일을 하는 종사원을 말한다.

House Call(하우스 콜 : 종사원의 업무용 전화)

종사원이 사업용으로 외부에 전화하는 것으로 요금이 부과되지 않는다.

House Count(하우스 카운트 : House Earning)

등록된 고객의 인원수이다.

Housekeeper(하우스키퍼)

호텔의 객실청소 및 정비책임을 맡은 자로 객실을 관리 유지한다.

Housekeeping(하우스키핑 : 객실정비)

고객이 사용할 호텔·모텔 등 객실을 관리하는 직업으로 객실의 정리정돈 및 비품을 관리하여 객실을 상품의 가치가 있게끔 만드는 작업 또는 그 관리를 말한다.

House Man(하우스맨)

하우스키핑에서 근무하는 종사원으로 힘든 청소업무나 물건을 옮기는 작업을 도와준다.

House Use Room(하우스 유즈 룸 : House Room)

호텔 임원의 숙소로 사용되거나 사무실이 부족하여 객실을 사무실로 사용하는 경우, 또는 침구류를 저장하는 리넨 룸(linen room)이나 객실비품을 저장하는 스토어 룸(store room) 등을 말한다.

House Keeping Manager(객실관리 지배인)

객실관리 지배인은 자기의 업무 자체가 호텔의 경비절감에 크게 이바지한다는 점을 분명하게 인식하고 있어야 하며, 각 부문 책임자와의 부단한 접촉과 하우스키핑의 모든 부분의 작업에 대해 관리 및 통제자적 위치에 있으므로 남다른 관리자적 자질이 요구된다 하겠다. 아울러 하우스키핑의 기본 업무인 객실정비, 유지관리, 비품집기관리에 중점을 두고 하우스키핑의 전 종사원에게 작업을 지시하고 감독하고 작업 실시 결과를 확인하며, 리넨 관리 및 막대한 호텔의 재산을 보호하는 데 최선을 다해야 한다.

House Keeping's Report(하우스키핑 보고서)

하우스키퍼의 보고서로 객실 상태에 관한 리넨 룸(linen room)의 일람표이며, 룸 랙의 효과적인 관리를 확인하기 위해 프런트 오피스 안에서 사용되는 보고서이다.

In Order Room(인 오더 룸)

객실의 정리정돈이 완료되어 판매를 할 수 있는 객실이다.

In Season Rate(성수기 가격)

수요가 급증하는 성수기 계절에 호텔의 최고 객실요금이다.

Inclusive Term(포화된 가격)

유럽에서 사용되는 용어로서 아메리칸 플랜을 표시하기 위한 문구이다. 즉, 가격에 세금과 봉사료가 포함되어 있음을 암시한다.

Indicator(인디케이터 : 상황표시판)

호텔 하우스키핑 부서로부터 객실정비가 완료된 후 프런트에 객실정비가 완료된 것을 알리는 시스템이다.

Information Clerk(안내소)

숙박객 및 방문객에게 주변관광지 · 시내 · 여행 · 쇼핑 등의 안내 서비스를 제공하는 직원을 말한다

Inside Room(인사이드 룸 : 내향객실)

안쪽으로 향하고 있는 객실을 말하며, 아웃사이드 룸(outside room)의 반대 개념이다.

Interphone(인터폰)

객실 내 욕실에 설치되어 있으며 받을 수만 있는 수신용 전화기이다.

Junior Suite(주니어 스위트 : Petit Suite, Mini Suite)

응접실과 침실을 구분하는 칸막이가 있는 큰 객실

Keep Room Charge(킵 룸 차지)

호텔에 투숙한 고객이 단기간의 지방여행을 떠날 때에는 짐을 객실에 남겨 두고 가는 경우가 있다. 이때 그 객실은 고객이 계속하여 사용하는 것이 되므로 비록 고객이 객실을 사용하지 않았어도 요금을 부과시키는 것을 말한다.

Key Inventory(객실열쇠 점검)

프런트의 나이트 클럭이 마감을 하기 전에 빈 객실과 투숙중인 객실열쇠의 유무를 파악하는 것을 말한다.

Key Rack(키 랙)

각층 객실의 열쇠를 넣어두는 상자이다.

Key Space(키 스페이스)

투숙객이 열쇠를 가지고 자유롭게 다닐 수 있는 범위를 말한다.

Lamp Cover(램프 커버)

욕실 거울에 부착되어 있는 전구커버이다.

Last(라스트)

가장 최근에 프런트 임무를 완료한 벨맨(bell man)을 칭한다.

Late Arrival(레이트 어라이벌 : 연착고객)

예약한 고객이 예약유보시간을 경과해서 도착하는 것으로 이때 미리 호텔에 연착을 통보해야 하며 그렇지 않을 경우 자동적으로 예약은 취소된다.

Late Check-out(레이트 체크아웃)

체크아웃 타임 이후의 체크아웃으로 체크아웃 타임 이후 객실이용에 있어서는 엑스트라 룸 차지(extra room charge)가 필요하다. 그러나 프런트 데스크의 사전 승인을 얻은 경우는 추가요금은 부과되지 않는다.

Laundry(라운드리)

호텔이 자체 내에 시설을 갖추고 세탁물을 처리한다. 호텔에서 옷을 세탁하고 싶을 때 이용하는 서비스이며, 수선이나 드라이클리닝 등 다양한 세탁서비스이다. 호텔 내 비치되어 있는 세탁용 비닐 팩에 넣어 이름, 객실번호, 옷의 종류들을 기입하여 프런트에 맡기거나 전화로 세탁을 요청한다.

Laundry Bag(라운드리 백)

세탁물을 담는 비닐 주머니이다.

Laundry Slip(라운드리 슬립)

세탁신청서를 말한다.

Laundry Manager(세탁 지배인)

세탁 지배인은 고객용 세탁과 호텔용 세탁을 담당하여 원활하게 일을 처리하는 책임자이다.

Light Baggage(수하물이 작은 고객 : LB)

고객이 휴대한 수하물이 크기가 너무 작아서 고객에 대한 신용이 불충분하다고 판단될 경우 미리 선수금을 받는 것을 말한다.

Linen(리넨)

리넨이란 의미는 마직류를 말하는데, 호텔에서의 리넨이란 면류나 화학직류로 만들어진 타월 · 냅킨 · 시트 · 담요 · 유니폼 · 커튼 · 도일리(doily) 등을 말하고 있다.

Linen Room(리넨 룸)

리넨 보관장소를 말한다.

Lobby Displays(로비 디스플레이)

로비에 진열하는 표시판 같은 것이다.

Local Call(로컬 콜)

시내통화를 말한다.

Log(인수인계대장 : Log Book)

업무일지로 몇몇 영업 부문에서 사용하는 업무활동 기록대장이다. 예컨대, 고객의 팩스 · 등기 · 우편물 등을 이 대장에 기록하여 고객에게 전달할 때 서명을 받는데 이를 로그 북(log book)이라 한다.

Long Distance Call(장거리전화)

시외전화, 혹은 국제전화를 말한다.

Lost and Found(고객의 분실물 습득신고 및 보관센터)

객실 및 부대시설을 포함하는 호텔의 건물 내에서 호텔고객의 소지품이나 수하물을 고객이 분실하고 타인 또는 호텔 종사원이 습득했을 때 이의 신고를 받고 그 습득물을 관리하여 소유주가 나타났을 때에 이를 확인하고 반환하여 주는 업무를 말한다.

Maid Card(메이드 카드)

객실청소를 하고 있는 상태를 표시하는 것으로서 룸 메이드가 청소를 하고 있는 문 옆이나 문손잡이에 걸어놓는다.

Maid Cart(메이드 카트)

룸 메이드가 객실 청소에 필요한 모든 비품을 담는 손수레를 말한다.

Maid Station(메이드 스테이션)

객실 정비원 · 검사원 · 청소원들이 사용하는 사무소이다.

Maid's Report(메이드 보고서)

객실의 상황상태 보고서로, 리넨 사용에 대한 보고서이다.

Mail and Key Rack(메일 앤드 키 랙)

우편 및 열쇠 랙. 열쇠 및 우편물을 보관하기 위하여 객실번호 순서로 제작한 프런트 오피스의 한 비품이다.

Mail Clerk(메일 클럭)

우편물을 고객에게 전해주고 객실 손님의 우편물을 보관 또는 운송하는 업무를 말한다.

Mail Service(메일 서비스)

호텔의 우편물을 집배하거나 발송하는 서비스이다.

Make Bed(메이크 베드)

사용한 베드의 시트를 갈아 끼우고 새로 베드를 만드는 것을 말한다.

Make-up(메이크업)

고객이 객실에 등록되어 있는 동안 침대의 리넨을 교환하거나 객실을 청소하고 정리정돈 하는 것을 말한다.

Make-up Card(메이크업 카드)

고객의 객실문에 걸어놓는 카드로서 객실 청소원에게 먼저 청소를 부탁하는 표시로 호텔과 고객 간의 의사전달 도구이다.

Mattress(매트리스)

베드(bed) 위에 놓는 쿠션을 말한다.

Meal Coupon(식권 : Meal Ticket)

단체고객 중 인원수가 적은 단체나 관광일정 · 행사일정 등이 여유가 있는 단체는 "식권"을 발행하여 개개인이 원하는 시간이나 취향에 맞는 식사를 자유롭게 선택하여 즐길 수 있도록 하기도 한다.

Message Lamp(메시지 램프 : Message-Light Indicator)

나이트 테이블에 설치되어 있는 작은 램프로서 손님에게 메시지가 있을 때 프런트 데스크에서 작동시킨다.

Messenger Boy(메신저 보이)

고객의 체재기간 중 퇴숙하는 경우 전화 · 편지 이외에 직접 인편에 의해 의사를 전달하는 경우에 대비한 심부름꾼이다.

Midnight Charge(미드나이트 차지 : 야간요금)

예약을 신청한 고객이 당일 영업을 마감한 이후 한밤중에 도착하거나 다음날 새벽에 도착하였을 경우 호텔 측은 그 고객을 위하여 전날부터 객실을 판매하지 않고 기다렸으므로 요금을 징수하게 된다.

Minibar(미니바)

객실 내의 냉장고에 간단한 주류나 음료를 구색을 갖춰 전시하여 고객이 셀프서비스(self service)로 이용하는 것이다.

Mini suite(미니 스위트)

주니어 스위트와 같은 개념이다.

Morning Call(모닝 콜 : Wake-up Call)

투숙객이 요청한 시간에 전화교환원이 고객을 깨워주는 서비스이다.

Night Clerk(나이트 클럭)

나이트 클럭은 야간에만 근무하는 자로서 야간 내에 일어나는 업무만이 아니고 프런트 오피스에서 주간에 발생되었던 업무의 연장으로 보다 축소 이전되어 맡아보는 일까지도 하여야 한다. 근무시간은 23:00~07:00까지.

Night Clerk's Report(나이트 클럭 보고서)

수입 일계표가 작성되기 전에 각 부서 지배인에게 가능한 한 빨리 영업성과의 통계수치를 보고하기 위한 목적으로 작성되는 보고서이다.

Night Clothes(나이트 클로스 : Night Dress. Night Wear. Night Gown)

잠옷. 즉 잠을 잘 때 입는 옷이다.

Night Spread(나이트 스프레드 : 침대덮개)

담요를 보호하고 각 고객에게 청결한 커버를 제공하기 위해 밤에 침대에 사용하는 덮개를 일컫는다.

Night Table(나이트 테이블)

객실 침대 머리맡에 있는 작은 테이블로 전화 · 전기스탠드 · 재떨이 등이 놓이며 취침 시에도 침대에서 손이 닿을 수 있도록 위치해 있다. 최근에는 이 테이블 안에 붙박이식 라디오, 전기 스위치, 에어컨 스위치, 텔레비전 스위치 등이 설비되어 있는 것이 보통이다.

No Arrival(노 어라이벌)

호텔의 예약상황이 특별기간의 예약 때문에 특별기간에 예약을 받지 않는 것을 말한다.

No Show(노 쇼)

예약을 해놓고 예약취소의 연락도 없이 호텔에 나타나지 않는 고객을 말한다.

Non-Smoking Room(금연객실)

호텔을 이용하는 고객층의 다양화와 전 세계적인 금연운동의 확산으로 담배를 피우지 않는 고객의 투숙이 늘고 있어 서비스 차원에서 금연객실 및 금연층을 지정하여 객실배정을 하고 있다.

Number of Rooms Unit(유닛 객실 수, 공칭 객실 수)

객실의 칸 수, 즉, 객실의 단위 수에 의해 계산되는 객실 수를 말한다. 물론 여기에는 호텔의 임원 숙소나 창고 등으로 사용되는 하우스 유즈 룸(house use room)까지도 포함되는 객실 수이다.

Occupancy(객실 이용률 : Room Occupancy)

객실수입에서 사용객실 수를 찾아서 객실 이용률을 산출하여 기입한다. 룸 오큐펀시는 호텔에 있어서 객실 경영상황을 판단하기 위하여 가장 보편적으로 사용되는 지표이다. 객실 이용률의 산출방법은 판매된 객실 수를 판매 가능한 객실 수로 나누어 값을 퍼센트로 나타낸다.

Occupied(오큐파이드)

고객이 현재 사용하고 있는 객실을 말한다.

Off-Season Rate(비수기 요금 : Off-Peak Rate)

비수기의 경영대책으로 호텔의 이용률이 낮은 계절에 한하여 공표요금에서 할인해주는 요금을 말한다. 우리나라 외래관광객의 계절별 입국 추세를 보면 3월, 4월, 5월, 9월, 10월, 11월이 성수기를 이루고 있으며, 겨울철인 12월, 1월, 2월이 가장 저조한 비수기를 이루고 있다. 그러나 여름 바캉스철인 7월, 8월은 리조트 호텔의 성수기라고 볼 수 있다.

On Change(객실정돈 중)

고객이 객실에서 퇴숙을 하였으나 아직 객실청소가 완료되지 않은 객실을 말한다.

On Change Room(온 체인지 룸)

하우스키핑 부서에 의한 정리정돈을 요하는 객실이다.

Ondol Room(한실 : Korean Style Room)

한국 고유의 객실로서, 방바닥이 온돌(요즈음 steam) 형태로 한국의 정취를 느끼게 하는 객실로 19m^2 이상으로 규정하고 있다. 침구는 보료 · 요 · 이불 등으로 갖추고 가구는 한국전통의 나전칠기로 준비하며, 문의 형태나 모양, 조명기구 등도 우리 고유의 것으로 준비한다.

One Shot Key(일회용 열쇠)

단 1회만 가능하며 룸 쇼윙(room showing)을 한다든지 객실에 이상이 생겼을 경우 신분이 확인된 사람에게 발행한다.

Open Bed(오픈 베드)

베드 스프레드(bed spread)가 씌워진 채로 있으면 고객이 베드를 사용할 때 불편하므로 고객이 베드를 사용하기 이전에 일정한 시간을 정하여 베드 스프레드를 벗겨서 고객이 베드에 들어가기 쉬운 상태로 만드는 것을 말한다.

Optional Rate(미결정 요금 : Opt-R)

객실의 예약시점에서 정확한 요금을 결정할 수 없을 경우에 사용되는 용어이다.

Out of Order Room(판매 불가능한 객실 : OOR)

호텔의 예상치 않았던 사고나, 객실의 상태가 수리 중이거나, 또는 객실에 문제가 생겼을 경우 판매할 수 없는 경우를 말한다.

Out of Town(아웃 오브 타운)

객실투숙 중 타 지역으로 출장간 고객의 객실을 말한다.

Outside Laundry(외부 세탁 서비스 : Valet Laundry)

호텔 내부 고객 서비스가 아니라 외부에서 들어오는 세탁업무를 말한다.

Outside Room(아웃사이드 룸)

호텔 건물의 외측이 시가지나 정원 쪽을 향하고 있어서 전망이 좋은 객실을 가리킨다.

Over Booking(초과 예약 : Over Sold)

호텔에서 객실보유 수량 이상의 초과 예약 접수를 말한다. 호텔객실의 예약은 판매하지 못한 것에 대해 시간적으로 재판매가 불가능하므로 예약이 취소되는 경우와 예약 손님이 나타나지 않는 경우를 대비하여 호텔의 전 가동을 위해 실제 판매 가능 객실보다 최소 10% 정도의 예약을 초과 접수하고 있다.

Over Charge(초과요금)

초과요금이란 호텔이 정하고 있는 퇴숙시간(check-out time)을 넘겨 객실을 사용할 경우에 부과되는 요금을 말한다.

Over Night Stay(오버 나이트 스테이)

1박하는 것을 말한다.

Over Night Total(오버 나이트 토털)

당일객실 숙박계산서의 총합계 매출액을 말한다.

Over Stay(체류연장 : Hold Over)

고객이 머물고자 하는 체재일보다 초과 연장하는 고객을 말한다.

Paging Service(대고객 호출 서비스 : Paging)

호텔의 고객이나 외부 고객의 요청에 의해 필요한 고객을 찾아주고 메시지 전달을 해주는 것을 말한다.

Paid Call(페이드 콜)

요금 통화신청자 지급통화를 말한다.

Palour(팔러 : Suite)

응접실을 겸한 객실, 특실의 응접실이다.

Pantry Room(팬트리 룸 : Service Room)

레스토랑 영업을 위한 모든 집기를 정리해둔 룸이다.

Par(파)

침대당 필요한 리넨의 기준량 혹은 고객당 타월의 수이다.

PBX(사설 구내교환대 : Private Board Exchange)

호텔의 전화교환실에서 사용하는 외선과 접속되어 있는 전화의 자동화를 말하며, 전화도수 자동등산기(電話度數自動登算機)의 설치로 호텔에서 통화의 신뢰성과 징수의 정확성을 기할 수 있다.

Permanent Guest(장기체류고객)

장기체류객, 즉 체재기간이 긴 고객으로 임대조건으로 체류할 수도 있다. 대체로 7일 이상 체류하게 되면 장기체류객에 속한다.

Person Call(지명통화)

통화 상대자를 직접 연결하여 통화하게 하고 상대자와 직접 연결되지 않으면 요금을 계산하지 않는 방법이다.

Person Night(일일 고객수입)

당일 객실을 사용한 수입통계로 투숙객 한 사람의 일일 숙박비를 말한다.

Phone Cab(Call Taxi)

전화로 부르는 택시이다.

Pick-up Service(픽업 서비스)

예약고객의 요청에 의해서 공항 터미널에서 영접하여 호텔에 체크인(check-in)시키는 서비스를 말한다. 체크아웃(check-out) 때도 이 서비스는 가능하다.

Pillow(베개)

베개는 딱딱한 것, 부드러운 것, 높은 것, 낮은 것 등이 있으나 대체적으로 내용물에 따라서 다르다. 스펀지·메밀껍질·깃털 등이 있는데 호텔에서는 깃털베개를 많이 사용하고 있다. 베개로 싱글베드에는 2개, 더블베드에는 4개가 준비되어 있다.

Pillow Case(베갯잇)

베갯잇은 주머니로 되어 있으며, 이 속에 베개를 넣어 입구를 접어넣어 쓰고 있다.

Pocket(포켓)

룸 랙 슬립 포켓(room rack slip pocket)을 말하며, 룸 랙 슬립을 꽂을 수 있도록 제작된 룸 랙의 한 부분으로 객실 숙박의 기록과 실료를 기재한다.

Porter(포터)

호텔의 고객이 투숙하여 퇴숙할 때까지 짐을 보관·운반해 주어야 할 때 이러한 서비스를 담당하는 사람을 말한다.

Porterage(포터리지)

포터 서비스(porter service)에 대한 팁(tip)을 말한다

Powder Room Maid(파우더 룸 메이드)

공공 여성용 화장실을 청소하는 메이드이다.

Pre-Registration(사전등록)

사전등록은 고객이 도착하기 전 호텔이 등록카드를 사전에 작성하는 절차로 그룹이나 관광단체가 도착하여 프런트 데스크의 혼잡을 피해 등록을 마칠 수 있도록 하기 위해 사용되는 것이다.

Pre-Assign(프리어사인)

고객이 도착하기 전 호텔이 할당되고 특별한 객실은 블록(block)을 시키는 예약직원의 작업이다.

Pressing Service(프레싱 서비스)

고객 세탁 서비스의 다림질 서비스를 말한다.

Private Room(개인 전용실)

특별실, 사실(私室)을 말한다.

Queen(퀸)

일반적으로 190~200cm 정도의 특별히 길고 넓은 더블베드 형태이다.

Rack Rate(공공요금 : Published Rate)

호텔에 의해 책정된 호텔객실 기본요금이다. 또한 룸 랙(room rack)에 할당된 요금이나 이것은 할인되지 않은 공식화된 요금이다.

Rate(가격)

가격 혹은 서비스가 제공된 가격의 원가로서, 호텔 객실요금을 일정기간 가격으로 정한다는 뜻이다. 차지(charge)와는 쓰이는 의미에 차이가 있다.

Record Clerk(레코드 클럭)

호텔고객에 관한 카드, 계산서, 각종의 랙 슬립(rack slip)에 기록을 유지하고 관련부서에 송달해주며 룸 클럭(room clock)의 업무를 보조하면서 현관의 움직임을 기록으로 유지하는 업무, 각종 서류제작, 정리 및 고객의 신상카드를 정리 및 기록·보관하며, 감사편지 및 생일축하 카드 등을 제작 발송하는 업무를 담당한다.

Register(입실 등록과정)

호텔에 도착한 고객이 등록카드에 고객의 인적 사항을 기재하고 서명하는 과정이다.

Registration(등록)

숙박등록, 숙박계약을 말한다.

Registration Card(등록카드 : Reg. Card)

호텔고객의 숙박절차로서 소정의 카드에 필요한 사항을 기재한다. 대개 호텔의 이름, 주소, 카드번호, 고객의 성명, 주소, 객실번호, 요금, 도착시간, 출발 예정시간, 취급계원의 성명 등이 기재된다.

Repeat Guest(재래객, 단골고객)

되풀이하여 방문하는 고객, 재방문 고객을 의미한다.

Reservation(예약)

객실예약은 타제품과는 달리 예약을 거치지 않고는 거의 판매가 불가능하다. 왜냐하면 다른 일반제품의 경우 대개가 직접 그 제품을 보고 거래가 성립되지만, 객실의 경우에는 신용과 편리한 시설, 훌륭한 인적 서비스 등을 바탕으로 예약에 의해 판매되기 때문이다. 객실예약은 주로 전화·서신 등을 통해 접수되기 때문에 제반사항을 정확하게 접수·기록·정리·보관하여 고객이 숙박하는 과정에서 불편한 사항이 발생하지 않도록 세심한 주의를 기울여야 할 것이다.

Reservation Clerk(객실 예약원 : Book Clerk)

객실 예약원은 고객이 객실상품을 주문할 때에 적절하게 대응하며 사무처리를 하게 된다. 즉, 이곳은 최초의 상품전시장이나 마찬가지이므로 담당자는 판매에 실수 없이 정중하게 대하여야 한다.

Reservation Confirmation(예약확인)

호텔을 이용하기 전 예약이 확실히 되어 있는지를 재확인하는 것을 말한다.

Reservation Department(예약부서)

고객의 예약상황에 대해 신속하고 정확한 응답기능을 수행하는 부서로서 새로운 예약을 위한 정확한 데이터를 수집하고 보존하여 원활한 예약을 수행한다.

Reservation Rack(레저베이션 랙)

고객이 요구한 서비스 내용의 요약, 도착예정 일시, 고객의 성명 등이 알파벳 순서와 날짜별로 정리되어 있는 상황판이다.

Reservation Status(예약조건)

고객이 호텔 예약 시 상호 협정한 조건으로서 지급방법, 서비스 요구사항 등의 조건을 말한다.

Room(객실)

고객들의 숙박을 위한 방이다.

Room Assignment(객실배정)

객실배정이란 예약에 대하여 객실을 할당하는 것이며, 당일 예약된 고객이 도착하기 전에 객실을 준비하여 도착 시 객실배정에 따른 시간을 단축시킴으로써 효율적인 업무를 수행할 수 있다.

Room Attendance(객실청소원 : Room Maid)

객실을 안전하고, 쾌적하게 또한 청결한 객실상품을 제공하기 위하여 호텔의 모든 객실을 정리정돈하는 호텔 종사원이다.

Room Clerk(룸 클럭)

객실의 예약, 판매, 객실준비 담당직원으로 현관에서 가장 중요한 위치이다.

Room Count(룸 카운트)

판매된 호텔의 객실 수를 말한다.

Room Count Sheet(룸 카운트 시트 : Daily Room Report. Room Charge Sheet)

야간에 기록하는 룸 랙(room rack)의 기록이며 객실의 점유 통계를 정확성을 증명하는 데 사용한다.

Room Inspection Report(룸 인스펙션 리포트)

객실 점검자에 의해 준비되는 객실상태의 점검 기록대장이다.

Room Inventory(객실조사)

계속해서 객실에 대한 현재의 상황, 즉 객실, 숙박연장, 객실변동, 고장난 객실, 가용객실 등을 하우스키핑, 예약, 영선실과 상호 연결시켜서 프런트 오피스에서 객실을 판매하는 데 있어서 아무 지장이 없도록 도와주는 것이다.

Room Key Tag System(객실 자동점멸장치)

호텔의 에너지 절약차원에서 객실 입실 시 키를 키 센서(key sensor)에 꽂으면 객실이 자동적으로 점등되고 외출 시나 퇴숙 시 키를 빼내면 자동으로 점멸되는 시스템을 말한다.

Room Occupancy Rate(객실 점유율)

당일판매 객실 수를 판매 가능 객실 수로 나눈 비율, 즉 전체 객실 수에 대한 당일판매 객실 수의 비율을 말한다.

Room Rack(룸 랙 : Rack)

호텔 전체의 객실 이용상황을 알 수 있게 하는 현황판으로 룸 인디케이터(room indicator)와 연결되어 있는 프런트 오피스의 비품 중 하나이다. 또한 객실번호순으로 배열되어 있어 층별, 객실종류, 객실요금, 객실형태, 현재의 객실상태 등을 마크나 색깔로 나타내고 있다. 현대 호텔의 전산화에 의해 룸 랙이 설치되어 있다.

Room Rack Slip(룸 랙 슬립 : Room Rack Card)

객실 투숙객의 성명 · 국적 · 투숙일자 · 투숙기간 등이 기록되어 있으며, 룸 랙(room rack)의 포켓(pocket)에 꽂아둠으로써 객실의 판매 여부를 식별하는 작은 카드를 말한다. 일반적으로 카드의 색깔로 구분하는데 백색은 단기고객, 황색은 장기고객, 청색은 단체고객으로 분류하기도 한다.

Room Status Report(객실현황 보고서)

객실상황에 대한 보고서는 객실의 종류 및 형태별로 판매 가능 객실 수, 수리 중인 객실, 빈 객실, 이미 팔기로 예정된 객실 수, 청소완료 객실 수 등의 사항을 알 수 있다.

Room Type(객실 종류)

호텔객실의 종류는 침대의 수와 크기에 따라 기본적인 4가지 종류로 분류된다. 싱글베드 룸(single bed room), 더블베드 룸(double bed room), 트윈 룸(twin room), 스위트 룸(suite room) 등이다.

Rooming(입실)

입실을 뜻하며, 호텔에 도착한 고객을 객실배정이 끝나면 벨맨이 객실로 안내하는 제반과정을 뜻한다.

Rooming Control(객실판매 관리)

호텔의 효율적인 객실판매로서 최고의 가격으로 최대의 객실을 판매하는 판매관리를 말한다.

Rooming List(입실명단)

단체고객이 도착하기 전에 단체객의 인적 사항을 기록한 고객의 명단을 미리 받아 단체객의 사전 등록과 사전 객실배정을 하기 위한 단체객의 명단이다.

Safe-Deposit Boxes(귀중품 보관소)

호텔객실에 투숙하는 고객의 귀중품을 보관해주는 금고로 프런트 캐셔(front cashier)가 관리한다.

Sample Room(전시용 객실 : Display Room)

판매용 객실이 아니라 어떤 회사가 자사의 상품을 전시 · 진열할 목적으로 임대한 호텔의 객실을 일컫는다.

Sanitary Bag(위생주머니)

여성고객의 클린 패드(clean pad)나 일반적으로 눈에 보이지 않게 처리하여야 할 물건들을 넣기 위한 주머니이며, 대부분 호텔 욕실에 비치하고 있다.

Sanitary Tape(위생테이프)

위생상 변기 청소는 철저하게 해야 한다. 그러므로 메이드가 위생적으로 청소가 끝나면 변기 커버와 시트를 함께 위생테이프로 감는다. 이 위생테이프는 변기 커버를 열면 터지도록 되어 있어 재사용할 수 없다.

Seasonal Rate(계절별 요금)

동일한 제품과 서비스에 대해 계절에 따라 가격의 변동을 허락하는 차별요금 제도를 말한다.

Selling Up(셀링 업 : Upgrade Sale)

호텔에서 판매촉진을 위해 이미 예약된 객실의 요금보다 높은 가격의 객실을 선택하도록 권유하는 경영방법이다.

Semi-Double Bed(세미-더블 베드)

더블베드의 약 4분의 3 크기의 침대로서 '스리쿼터 베드(three-quarter bed)'라고도 한다.

Sheet(시트)

매트리스와 담요 사이에 깔아주는 홑이불을 말한다.

Shoe Horn(슈 혼)

구둣주걱.

Shoes Rag(구두닦기 천)

호텔에 따라 구둣솔을 비치하는 곳도 있으나, 구둣솔보다는 천이 사용하기에 편리하고 위생적이다.

Shower(샤워)

호텔객실의 욕조 벽에 부착된 분무기이다.

Shower Cap(샤워 캡)

머리에 쓰는 모자를 일컫는다.

Shower Curtain(샤워 커튼)

배스 터브(bath tub)에 들어가거나 샤워를 할 때 물이 밖으로 튀지 않게 하기 위한 커튼이다.

Shut-out Key(셧아웃 키)

보석이나 귀금속을 다루는 고객의 필요에 의해 고객이 부재 시 어떠한 종사원도 개방·출입할 수 없도록 고안된 장치이다.

Signature(서명)

서류 따위에 책임자가 손수 이름을 쓰는 것을 말한다.

Single Rate(싱글 레이트)

고객이 싱글 룸을 예약하고 호텔에 들어왔을 때 호텔 측의 사정으로 싱글 룸 제공이 불가능할 경우 호텔 측은 고객에게 싱글 룸보다 가격이 높은 더블 룸이나 트윈 룸을 제공해야 되며 요금은 싱글 요금을 적용하는 경우를 말한다.

Single Room(싱글 룸)

1인용 베드(single bed)를 설비한 객실로 기준면적은 13m^2 이상이어야 하고 침대의 표준규격은 90×195cm 이상이고, 담요의 규격은 230×170cm 이상이어야 한다.

Single Use(싱글 유즈)

호텔용어로 2인용의 객실을 1인이 투숙하는 경우로 보통 객실요금에 대하여 10% 정도 할인해주는 것을 말한다.

Skipper(스키퍼 : Skip)

호텔, 레스토랑, 기타 부대시설의 요금을 고객이 지급하지 않고 비밀리에 도망가는 경우를 말한다.

Sleep Out(체재 중 외박한 고객 : S/O)

호텔에서는 고객에게 객실을 판매하였지만 고객은 그 객실 안에 짐과 옷은 놔두고 객실을 사용하지 않은 것을 말한다.

Sleeper(슬리퍼)

호텔이나 모텔이 실제로는 객실이 비어 있어서 판매할 수 있는 객실이지만 고객이 투숙한 객실로 오인된 경우를 말한다.

Sleeper Occupancy(슬리퍼 오큐펀시 : Bed Occupancy)

판매할 수 있는 침대 수와 이미 판매한 침대 수와의 관계비율을 말한다.

Sofa Bed(소파 베드 : Hide Bed, Convertible Bed)

표준 싱글, 또는 더블베드로 펼쳐지거나 앞뒤로 접어서 이용할 수 있는 조립식 침대로 스튜디오 룸에서 사용하고 있다.

Special Use(스페셜 유즈)

각종의 행사 및 세미나를 주관하는 실무담당자나 행사의 진행요원, 단체를 안내하는 여행사의 가이드, 혹은 단체를 위해 수행하는 여행사의 종사원 등에게 무료로 제공되는 객실을 말한다.

Spread Rate(단체고객 객실 할당가격)

가격이 다소 랙 가격보다 떨어지지만, 단체고객이나 회의참석 고객에게 표준요금을 적용한 객실가격이다.

Spring Cleaning(대청소 : General Clean)

대청소는 호텔의 비수기를 이용하여 실시하여야 하며, 계획을 수립하여 층 단위로 순서에 의하여 실행한다.

Star Reservation(주요 고객 예약)

중요한 고객이 호텔에 도착함을 가리킨다.

Station to Station(번호 전화 : Station Call)

장거리전화가 통화자와 관계없이 원하는 전화번호에 연결시켜주는 방법이다.

Stationary(스테이셔너리 : 상비설비)

호텔객실 비품 중의 문구류로 봉투 · 편지지 · 엽서 · 볼펜 등을 말한다.

Stay(체류)

호텔에서 1박 이상을 체류한 모든 고객을 뜻한다.

Stay Over(체류연장 : Hold Over. Over Stay)

고객의 퇴숙 예정일자보다 고객이 체류기간을 적어도 1박 이상 연장하는 것을 말한다.

Stock Card(스톡 카드)

룸 랙 포켓(room rack pocket)을 나타내는 칼라 코드로 명명되어 룸 랙이 길어 랙 운용이 불편할 때 룸 클럭(room clerk)이 사용하는 보조장치로 일명 Ducat(표)라고 부르기도 한다.

Studio(스튜디오)

침대로 전환할 수 있는 한두 개의 긴 의자를 가진, 침대가 없는 호텔이나 모텔의 객실을 말한다.

Studio Bed(스튜디오 베드 : Statler Bed)

호텔에서 사용하는 베드 중 낮에는 벽에 밀어붙이고 베개를 빼면 베드 커버를 걸어놓은 채 소파로서 이용할 수 있는데 이것을 스튜디오 베드라고 한다.

Studio Single(스튜디오 싱글)

호텔객실의 종류로 1인용 소파, 베드뿐인 객실을 말한다.

Studio Twin(스튜디오 트윈)

2인용의 베드와 소파가 있는 호텔객실의 일종으로 낮에는 넓게 객실을 사용할 수 있다.

Suite Room(스위트 룸)

스위트란 2실 이상의 연속객실이라는 뜻을 담고 있는데 적어도 욕실 딸린 침실 한 개와 거실 겸 응접실 한 개 모두 2실로 짜여 있다. 때로는 침실이 두 개 이상 있기도 하고 거실과 응접실이 따로따로 분리되어 있기도 하다.

Supplies(소모품)

소모품이란 한 번 사용하면 닳아 없어지거나 못쓰게 되는 사무용품 · 청소용품 · 포장용지 등의 물품을 말한다.

Switch Board(스위치 보드 : 전화교환대)

장거리 직통전화, 국제자동전화 등의 등장으로 교환실의 업무가 매우 간소화되었다. 객실에서도 교환을 거치지 않고 직접 장거리전화나 국제전화를 걸 수 있게 되었다.

Tariff(태리프 : 공표요금)

공표요금이란 호텔기업이 객실요금을 설정하여 이를 담당행정기관에 공식적인 신고절차를 마치고 호텔에서 공시하는 기본요금을 말한다. 공표요금은 풀 차지(full charge) 혹은 풀레이트(full rate)로서 할인되지 않은 정상적인 요금인 정찰가격을 말한다.

Telephone Call Sheet(텔레폰 콜 시트)

모닝콜을 원하는 고객의 객실번호, 고객성명, 시간을 기록하는 양식이다.

Telephone Traffic Sheet(전화통화량 기록표)

통화수와 장거리요금을 기록한 통화량 기록명세서이다.

Third Person Rate(서드 퍼슨 레이트 : Extra Bed Charge)

호텔의 객실은 일반적으로 싱글 룸을 제외한 대부분의 객실이 2인을 기준으로 설비되어 있다. 그러므로 2인 이상이 한 객실에 숙박을 원할 경우 적용되는 요금을 말한다.

Time Stamp[일부인기(日附印機)]

작동할 때 날짜와 시간이 인쇄되는 시계장치이며, 주로 고객의 입숙·출숙 시간 및 인쇄물의 배달시간을 정확하게 증명하기 위하여 사용된다.

Today's Reservation(당일예약 : Daily Pick-up Reservation)

당일에 예약을 통하여 호텔에 투숙을 원하는 고객은 일반적으로 예약부서에서 통제하는 것이 아니라 프런트에서 가능한 객실에 한하여 예약을 받는 것을 말한다.

Toilet(토일릿)

화장실 또는 세면실이다.

Toilet Tissue(토일릿 티슈)

욕실이나 공중화장실에 고객의 편리를 위해 비치시켜 놓는 화장지로 얼굴 화장지와 구별된다.

Tour Desk(투어 데스크)

호텔의 로비에 있는 데스크로서 이것은 특별히 관광 특히 단체고객 패키지(package) 상품 등의 상담과 판매를 하는 곳이다.

Towel Type(타월 종류)

워시 클로스(wash cloth), 얼굴 타월(face towel), 목욕 타월(bath towel), 발 타월(foot towel) 등으로 구분된다.

Towel Hanger(수건걸이)

약 80~100cm의 길이로 스테인리스로 되어 있다. 욕조 가까운 곳부터 목욕 타월(bath towel), 얼굴 타월(face towel), 워시 클로스(wash cloth) 순으로 타월을 걸 수 있는 넓이여야 한다.

Transeint Guest(단기체류객 : Short-Term Guest)

일반적으로 1~2박의 단기 숙박고객을 말한다.

Trunk Room(트렁크 룸)

큰 가방이나 짐을 넣는 장기체류자의 수하물을 보관하는 방이다.

Turn Away(턴 어웨이)

호텔객실이 만실이 되어 예약을 하지 않고 들어오는 고객을 사절하는 것을 말한다. 최근에는 예약을 하고 들어오는 고객에게 객실을 제공하지 못한 경우에 다른 호텔로 고객을 예약한 후 안내 및 제반 서비스로도 사용되고 있다.

Turn Down Service(턴다운 서비스)

고객이 이미 투숙한 객실에 대하여 고객의 취침 직전에 제공하는 서비스로서 간단한 객실의 청소·정리·정돈과 잠자리를 돌보아주는 작업을 말한다.

Twin Studio(트윈 스튜디오)

주간에는 소파로 되며 스튜디오 베드로도 사용되는 트윈 룸을 말한다.

Uniform Service(유니폼 서비스)

유니폼 서비스는 호텔을 이용하는 고객에게 제복인 유니폼을 입고 서비스를 제공하는 것으로서 여기에 포함되는 직원들은 주차 종사원, 도어맨, 포터, 리무진 드라이버(limousine driver), 벨맨 등이다.

Upgrade(업그레이드 : Up-Grading. Up-G)

호텔 측의 사정에 의해 고객에게 예약한 객실을 제공하지 못할 경우에 고객이 예약한 객실보다 가격이 비싼 객실에 투숙시키고 요금은 고객이 예약한 객실요금으로 처리한다.

Utility Man(유틸리티 맨 : 공공구역의 청소원)

유틸리티 맨이란 말의 원래의 뜻은 엑스트라 배우, 단역배우 등의 뜻이지만 호텔용어로는 공공구역의 청소원을 의미한다. 특별한 기술이 필요하지 않은 호텔의 로비나 화장실, 호텔 주변, 주차장 등의 청소를 담당하는 것을 말한다.

Vacancy(베이컨시 : 공실)

객실이 만실(full house)이 아닌 상태로 판매 가능 객실이 아직 남아 있음을 의미한다.

Wake-up Call(모닝콜 : Morning Call)

고객으로부터 아침 일찍 몇 시에 깨워달라는 부탁을 받고 교환원이 해당고객의 객실로 전화벨을 울려 약속된 시간에 고객의 잠을 깨우는 것을 말한다.

Waiting List(대기고객 명단)

이미 예약이 만원이 되어 호텔객실의 취소를 기다리고 있는 고객의 명부이다.

Walk in Guest(워크 인 게스트 : Walk Ins. No Reservation)

사전에 예약을 하지 않고 당일에 직접 호텔에 와서 투숙하는 고객을 말한다. 이 경우 일반적으로 고객에게 선수금을 받고 있다.

Walk Out(워크아웃)

공식적인 체크아웃 없이 호텔을 떠나는 고객을 말한다. 환언하면, 고객이 정해진 기간 객실에 체재하고서 프런트를 거치지 않고 떠나는 경우이다. 즉 고객이 돌아올 것인지 알 수 없다. 그날 늦게까지 그 객실은 결국 팔지 못하는 경우가 있다.

03

식음료 부문 용어

01 레스토랑 및 조리 부문

A-1 Sauce(에이 원 소스)

토마토 · 식초 · 설탕 · 소금 · 사과 · 오일 · 향초 · 터메릭(생환 뿌리, 커리 가루용) · 양파 · 생강 등을 재료로 만들어진 소스로서 스테이크 · 바비큐 · 닭요리 등에 사용되는 소스이다.

A La Bourgeoise(아 라 부르주아즈)

크게 자른 야채를 곁들인 일반적인 가족형 요리이다.

A La Broche(아 라 브로셰)

꼬챙이에 음식을 꿰어 만드는 요리이다.

A La Carte(아 라 카르트 : 일품요리)

메뉴상 용어로 일품요리라 하며 식당에서 정식요리와 다르게 매 코스마다 요리를 고객이 원하는 코스만 선택하여 먹을 수 있는 메뉴이다.

A La Creme(아 라 크림)

크림과 식초, 레몬즙을 3:1의 비율로 만들어 소금 · 후추를 가미한 드레싱을 말한다.

A La Holstein(아 라 홀스타인)

튀긴 송아지고기 커틀릿을 튀긴 달걀과 함께 토마토소스 위에 올리고, 케이퍼 그리고 앤초비를 곁들인 것이다.

A La King(아 라 킹)

화이트 크림이나 베샤멜 소스(bechamel sauce)에 버섯 · 풋고추 · 피망을 넣어서 만든 것을 말한다. 닭고기와 같이 조리하면 치킨 아 라 킹(chicken a la king)이라 한다.

A La Marengo(아 라 마렝고)

포도주 · 토마토 그리고 버섯, 붉은색 및 녹색의 올리브 조각과 함께 갈색소스에서 삶은 튀긴 닭고기를 말한다.

A La Maryland(아 라 매릴랜드)

대개가 토막을 내어 빵가루를 씌우고 많은 기름에서 튀긴 다음 크림소스, 바삭바삭한 베이컨 그리고 옥수수튀김과 함께 차려낸 닭고기를 일컫는 용어이다.

A La Mode(아 라 모드 : 유행하는, 유행의, …양식의)

파이(pie)나 케이크(cake) 등에 아이스크림을 함께 제공하는 형식의 디저트를 말한다.

A La Russe(아 라 뤼스)

얼얼한 맛. 이 표현은 가늘게 쪼갠 닭고기나 칠면조 고기를 사용한 후프와 관련이 있다.

Abalone(전복)

전복과에 속하는 조개의 하나. 크고 타원형, 갈색 또는 푸른 빛을 띤 자갈색. 날전복은 생복, 말린 것은 전복, 찐 것은 숙복이다.

Accordion Door(아코디언 도어 : Falling Door)

아코디언이란 악기의 아코디언을 말한다. 따라서 아코디언처럼 신축이 자유자재인 문을 말한다. 호텔의 연회장·식당을 칸막이로 치고 나누어서 사용하는 경우에 쓰이는 것이고, 천장의 레일에 의해서 좌우로 움직이고 방음도 배려된 두꺼운 아코디언같이 생긴 커튼을 말한다.

Accuracy in Menu(메뉴 정확도)

음식점의 식단에 각 음식항목의 기본·준비 등을 명확히 기술하자는 소비자 및 업계의 운동이다.

Afternoon Tea(애프터눈 티)

영국인의 전통적인 식사 습관으로 점심과 저녁 사이 밀크티(milk tea)와 씨나몬 토스트를 먹는 것을 말한다. 그러나 지금은 영국뿐만 아니라 세계 모든 나라에서 애용되는 간단한 샌드위치·과자·초콜릿·차 종류 또는 가벼운 와인까지 포함하여 서브되는 간단한 스낵으로 세미나·컨벤션에 많이 이용되는 서비스이다.

Agneau(아뇨)

램(lamb : 양고기)을 의미한다. 생후 8~15 주가 된 양은 핫하우스(hothouse)라 하며 가장 좋고 스프링 램(spring lamb)은 3~5개월 된 것이며, 머튼(mutton)은 1~5년생의 양에게서 얻은 고기를 의미한다.

Al Dente(알 덴테)

국수 같은 밀가루 음식을 약간 익힌 것을 말한다.

All Year Round Menu(올 이어 라운드 메뉴)

대부분의 일품요리 메뉴로서 한 번 작성되면 연중 내내 사용되는 메뉴를 말한다.

Almond(아몬드)

복숭아씨 같은 타원형의 땅콩 맛이 나는 열매로 주로 버터로 볶아 갈거나, 잘게 찧어 생선 위에 뿌린다.

American Service(아메리칸 서비스)

음식을 주방에서 미리 접시에다 1인분씩 준비해 두었다가 고객에게 제공하는 서비스 형식의 식당으로 신속한 서비스에 적합하며 고급식당이 아닌 일반식당에서 널리 이용된다. 플레이트 서비스(plate service)라고도 한다.

Anchovy(앤초비)

지중해산 멸치 또는 멸치젓과 같은 것으로 식욕촉진제(appetizer)로 사용되는 생선을 말한다.

Anchovy Sauce(앤초비 소스)

화이트 와인 소스에 버터를 가미한 멸치젓을 넣은 것이다.

Aperitif(아페리티프)

아페리티프는 식욕촉진제라는 의미의 프랑스 언어로 아페리티프 와인은 식전에 마시는 술로서 버무스(vermouth : 알코올함유량 17~21%), 비터스(bitters : 알코올함유량 48%) 및 리큐르 종류인 캄파리(campari) 등이 있다.

Appetizer(애피타이저 : Hors d'oeuvre)

전채요리는 식사 순서 중 제일 먼저 제공되어 식욕촉진을 돋우어 주는 소품요리를 말한다. 이 요리는 식욕을 촉진시키기 위해 몇 가지 특징을 지니고 있어야 한다.

① 한입에 먹을 수 있도록 분량이 적어야 한다.

② 맛과 영양이 풍부하고 주요리와 균형을 이루어야 한다.

③ 타액 분비를 촉진시켜 소화를 돕도록 짠맛 · 신맛이 곁들여져야 한다.

④ 계절감과 지방색을 곁들이면 더욱 좋다.

⑤ 색감이 아름다우면 좋다.

Arm Towel(암 타월)

레스토랑 종사원이 팔에 걸쳐서 사용하는 서비스용 냅킨으로 핸드 타월(hand towel)이라고도 한다. 일반적인 사이즈는 40×60cm가 사용된다.

Arrowroot(애로루트)

특정한 수프와 소스의 농후제로 사용되는 서인도의 뿌리식물에서 추출한 전분을 말한다.

Artichoke(아티초크)

예루살렘에서 생산되는 뚱딴지, 혹은 뚝감자라고 하는 식물로, 요리재료로 쓰인다.

Aspic(아스픽)

육류 · 생선 · 가금류 등의 단백질을 이용하여 만든 빨간 젤리를 말한다.

Attereaux(아터로 : 고기를 굽는 꼬챙이)

(SP) 크리스마스나 명절에 내는 로스트(roast) 요리에 장식된 칠면조(turkey) 등에 꽂힌 은꼬치를 말한다.

Au Gratin(오 그라탱)

화이트소스를 씌우고 빵가루나 치즈 가루를 뿌려 구운 요리를 말한다.

Au Jus(오 주스)

인공이 아닌 자연식품 그대로의 즙이나 고기 진국을 가미하여 내는 소스의 기본이 되는 것을 말한다.

Au Natural(오 내추럴)

양념을 극히 적게 하여 단순하게 요리함을 말한다.

Aux Croutons(오 크루통)

굽거나 튀긴 작은 빵조각. 일반적으로 수프와 샐러드의 곁들임으로 사용한다.

Back Bar(백 바)

바(bar) 서비스를 위하여 바텐더의 뒤쪽에 위치하고 있는 저장용 캐비닛이다.

Bacon and Eggs(베이컨 앤드 에그)

계란 2개에 베이컨을 함께 제공하는 아침식사이다.

Bagel(베이글)

이스라엘의 대표적인 빵으로 물에 한 번 삶았다가 오븐에 구워내는 독특한 방법으로 만든다. 반으로 잘라서 구워 제공하며 훈제된 연어와 크림치즈를 함께 곁들여 먹기도 한다.

Bake Blind(베이크 블라인드)

슈거 반죽 또는 파이 반죽을 탈트 또는 탈트렛 틀에 씌워서 콩이나 팥을 넣고 구워낸 껍질을 말한다.

Bake Off(베이크 오프)

제품을 오븐에 넣고 굽는 과정을 가리킨다.

Baked(베이크 : 굽기)

조리용어로 식품을 오븐에 넣고 350~450°F 정도의 건열로서 조리하는 방법이다. 생선인 경우 버터를 넣은 팬(pan) 위에 올려놓고 팬 채로 오븐(oven)에 넣어 익혀내는 방법이다.

Baked Alaska(베이크 알라스카)

머랭(meringue)으로 씌워진 아이스크림이나 케이크 디저트를 말한다.

Bakery Shop(베이커리 숍)

베이커리 업장에서 판매할 각종 제과제빵을 만들며 각 레스토랑 업장 주방에서 필요한 빵과 후식 등을 생산하는 장소이다.

Balsamico(발사믹)

이탈리아어로 '향기가 좋다'는 의미로 향이 좋고 깊은 맛을 지닌 최고급 포도식초를 말한다. 발사믹 식초는 단맛이 강한 포도즙을 나무통에 넣고 목질이 다른 통에 여러 번 옮겨 담아 숙성시킨 포도주 식초의 일종이다. '발사믹'이란 이름을 쓰려면 이탈리아의 북부 모데나 지방에서만 나온 포도품종을 사용하여 그 지방의 전통적인(tradizionale) 기법으로 만들어야 한다.

Banquet(연회)

연회란 호텔의 식음료를 판매하는 시설을 갖춘 구별된 장소에서 2인 이상의 단체고객에게 식음료와 기타 부수적인 사항을 첨가하여 모임의 본연의 목적을 달성할 수 있도록 하여주고 그 응분의 대가를 수수하는 일련의 행위를 말한다. 이때 2인 이상의 단체고객이란 동일한 목적을 위하여 참석하는 일행을 말한다.

Bar(바)

주류를 위주로 하여 영업하는 장소로서 바텐더(bartender : 조주사)들이 근무하는 카운터를 중심으로 하여 운영되며, 대부분의 고객들은 바 카운터에 있는 높은 의자(stool)에 앉아 주류를 마시며 담소한다.

Bar Boy(바 보이)

바(bar)에서 필요한 과일 · 주스 · 술 · 얼음 등과 같은 품목을 바텐더에게 도와주는 종사원을 말한다.

Barbecue(바비큐)

육류나 가금류 등을 통째로 소스를 발라가면서 굽는 요리를 말한다.

Barbecue Sauce(바비큐 소스)

식초 · 야채 · 조미료 · 향신료로 만든 매콤한 소스를 말한다.

Basil(바실 : Sweet Basil)

향료의 일종으로 이란과 인도가 원산지이고 이탈리아 · 남프랑스 · 아메리카가 주산지이다. 주로 어린잎을 적기에 따내어 사용하는 일년생 식물로 높이 45cm까지 자라며 엷은 신맛을 낸다.

Batter(배터 : 반죽)

밀가루 · 설탕 · 달걀 · 우유 등의 혼합물을 말한다.

Bearnaise Sauce(베어네이즈 소스 : Bern Sauce)

잘게 썬 파 · 후추를 식초 · 백포도주 · 타라곤잎 등과 함께 끓여서 계란노른자 위에 버터를 넣고 진한 고깃국을 조금 넣어서 만든 황색 소스로 홀랜다이즈 소스(hollandaise sauce)의 일종이다. 샤토브리앙 스테이크, 그릴드(grilled) 스테이크, 그릴드 생선에 같이 제공된다.

Bed and Breakfast(비앤비 : B&B)

토속적으로 운영되는 호텔 형식에서 지역적 전통음식을 아침식사로 제공하고 가정적인 분위기를 창출하는 숙박 형태. 특히 프랑스 샤토의 별장식 호텔과 영국 · 아일랜드 · 미국 등지의 개인 집의 여유 객실을 활용하는 숙박 형태이다.

Beef(고기 : Boeuf)

비프란 사육된 소의 종류, 즉 젖소, 수소, 황소, 어린 암소의 각 부분으로부터 얻어진 고기이다. 일반적으로 2~3년 동안 약 350~450kg에 이를 때 소들은 도살될 준비를 갖추게 된다. 도살된 후 무게는 250kg 정도이다.

Beef Stock(고기 스톡)

쇠고기·양고기·송아지고기·닭고기 등의 육류를 여러 가지 야채와 향료 등과 함께 끓여 찌꺼기를 걸러낸 국물로서 수프와 소스를 만드는 데 사용되며, 음식의 맛을 내게 하는 중요한 요소이다.

Beignet(베이네)

프리터(Fritter : 살코기·과일 등을 넣은 일종의 튀김)에 가까운 요리로 우리나라의 튀김요리와 같으나 한 번 불에 직접 익힌 뒤에 버터로 튀긴다. 주로 생선·닭·새우 등을 주재료로 한다.

Bench Time(벤치 타임)

반죽을 분할 환목한 다음 비닐로 덮어 발효시키는 과정인데, 벤치 타임을 주는 목적은 성형에 대비하고 글루텐 조직을 재정비하기 위해서이다. 이때 시간은 어린 반죽은 길게, 지친 반죽은 짧게 조정하는 데 보통 15~20분 정도로 한다.

Bercy(베르시)

갈색 소스, 샤롯, 레몬주스, 그리고 백포도주로 이루어진 소스로서 고기나 생선과 함께 차려낸다.

Between Heat(비트윈 히트)

대개 육류에 한하여 조리하여 상하에 열원을 두고 그 사이에 재료를 넣어 익히는 조리법이다.

Bill of Fare(메뉴)

영국에서 사용되는 메뉴(menu)라는 뜻이다.

Biscuit(비스킷)

베이킹파우더로 부풀게 만든 작고 둥근 즉석빵을 말한다.

Biscuit Roule(비스킷 룰레)

스펀지케이크와 비슷한 케이크이다.

Bisque(비스크)

어패류를 사용하여 만든 진한 크림수프로 새우 · 게 · 가재 · 닭 등이 주재료이다.

Blanching(블랜칭 : Blanchir)

야채 등을 끓는 물에 순간적으로 넣었다가 건져내어 흐르는 찬물에 헹구는 조리방법으로, 보일링(boiling), 소테잉(sauteing), 글레이징(glazing) 등에 사전조리법으로 이용된다.

Blanquette(블랑케트)

흰색 소스에 넣은 닭고기 · 송아지고기, 혹은 새끼양고기의 스튜를 말한다.

Blending(블렌딩 : 혼합)

2가지 이상의 요리재료를 철저히 믹싱(mixing)하는 조리방법을 말한다.

Boiled Eggs(보일드 에그)

계란을 껍질째 삶은 것으로, 일반적으로 몇 분 삶을까를 고객에게 주문받는다.

- Soft-Boiled Egg : 반숙계란, 끓는 물에 흰자위만 익힌 삶은 계란. 삶은 시간에 따라 1분, 3분, 5분, 7분 정도 중 택일한다.
- Hard-Boiled Egg : 끓는 물에 노른자위까지 익힌 삶은 계란.

Boiling(비등, 끓음 : Bouillr)

식품을 용기나 다른 용기 속에 넣어 그 용기가 계속적으로 끓여서 그 온도를 조리하는 방법으로서 생선을 조리할 때에는 지방이 많으나 생선을 주로 물이나 생선 스톡(stock)에 넣고 약한 불로 끓여낸다.

Bordelaise Sauce(보르드레즈 소스)

양파 · 당근 · 셀러리 · 타임 · 버터와 월계수 잎사귀를 주재료로 하여 만든 갈색 소스를 말한다.

Bordure(보르뒤르)

고리 모양의 야채(대개가 더치스 감자)와 함께 차려낸 요리이다.

Borsch(보르스치 : Borch)

러시안 수프로서 당근즙으로 빛깔을 낸 고기 잡탕 수프이다.

Bouillabaisse(부야베스)

여러 가지 생선과 바닷가재, 야채, 올리브유를 넣어 끓인 지중해식 생선 수프를 말한다.

Bouillon(부용 : Broth)

진한 고기국물로서 쇠고기를 재료로 한 것을 뜻한다.

Bouquet(부케)

질이 좋은 포도주가 숙성되어감에 따라 일어나는 냄새인데 포도주를 마실 때 혀와 목구멍으로 느끼는 향기이며, 아로마와 함께 반드시 와인에서만 사용하는 용어이다.

Bouquet Garnis(부케 가르니)

월계수잎, 파슬리, 클로브(clove), 통후추알 12개 정도를 한데 묶어서 스톡이나 소스를 끓이는 데 넣어 좋은 향과 맛이 나도록 하는 것을 말한다. 향과 맛이 배어나오게 한 후 빼내어 버린다.

Bread Basket(브레드 바스켓)

빵을 담아서 서브하는 바구니이다.

Breading(브레딩)

계란과 우유 혼합물에 음식물을 담그고 나서 마른 빵가루를 넣는 것을 말한다.

Break-down(브레이크다운)

사전에 예산 견적에 의하여 음료의 종류와 수량을 조정하여, 예산범위를 벗어나지 않게 하는 것을 말한다.

Breakfast(아침식사)

아침식사로 제공되는 모든 요리를 말한다. ① American Breakfast ② Continental Breakfast ③ Vienna Breakfast ④ English Breakfast 등이 있다.

Brochette(브로셰트 : 구이꼬치)

꼬치구이로서 송아지 · 돼지 · 새끼양 등의 간장, 날짐승의 간장 그리고 베이컨 등을 보조재료로 해서 꼬챙이에 꿰어서 석쇠에 구운 것이다.

Brown Stock(브라운 스톡 : Fond Brun)

소뼈나 송아지뼈를 잘게 썰든가 깨뜨려서 야채 · 당근 · 양파 · 셀러리 · 토마토 · 부추를 썰어 지방과 함께 넣어 붓는다. 이때 색깔이 진한 다갈색으로 되었을 때 물에 3~4시간 정도 서서히 끓여서 통후추나 소금을 가미하여 양념하고 찌꺼기를 걸러낸다.

Brunoise(부뤼누아즈)

야채를 자르는 방법의 일종으로 네모반듯하게 3mm 정도의 주사위 모양으로 자르는 것을 말한다.

Buffet(뷔페)

일정한 요금을 지불하고 음식을 차려놓는 기다란 식탁 또는 식당 서비스의 일종으로 만들어진 음식을 큰 식탁에 진열하여 놓고 고객들이 원하는 것을 날라다 먹는 셀프서비스의 일종이다.

Butcher(부처 : Carver, Trancheur Euse)

호텔 내에 육류를 공급해주는 곳, 즉 정육점 · 푸줏간이다.

Cacciatore(카시아토레)

잘게 썬 버섯과 정향을 첨가한 토마토소스로 간을 맞추어 요리한 닭고기를 이르는 이탈리아 용어이다.

Cafeteria(카페테리아 : 셀프서비스 식당)

음식물이 진열되어 있는 진열 식탁에서 고객은 요금을 지불하고 웨이터 · 웨이트리스의 서비스가 없으므로 직접 손님이 음식을 골라 가져다 먹는 셀프서비스 식당이다.

레이건 국립공항 카페테리아

Cake(케이크)

영국에서 유래된 것으로 서양 떡이라고 한다.

Calf(송아지)

3~10개월 정도된 송아지를 말하며 조직은 붉은 핑크색을 띤다.

Canape(카나페)

작은 빵조각이나 토스트 혹은 크래커 위에 놓아서 서브하는 애피타이저(식욕촉진제)의 일종이다.

Canape Tray(카나페 트레이)

간단한 안주류를 담아 서브할 때 사용하는 쟁반을 말한다.

Cannelloni(카넬로니)

노인들이 좋아하는 연한 파스타(pasta)로 크림치즈 · 생선 · 시금치 · 육류 등의 속을 채워서 토마토소스와 함께 제공한다.

Candied(캔디드)

과일이나 과일 껍질을 설탕에 조린 것으로 제과재료로 사용한다.

Candying(캔딩)

특정 과일과 야채를 걸쭉하고 달콤한 시럽에 요리하는 것을 말한다.

Cantal(캉탈)

프랑스산의 경질 치즈로 압착하여 만든다. 대형의 원주형이며 표피는 회색에 가깝고 속은 엷은 황색이고 부드럽다.

Captain(캡틴)

레스토랑에서 접객조장. 현관 서비스 분야에서 벨 캡틴(bell captain)을 말한다.

Caramelize(캐러멜라이즈)

다른 요리의 첨가물과 색소로 사용하기 위하여 굵은 설탕을 황갈색으로 녹이는 것을 말한다.

Caramelizing(캐러멜라이징)

설탕을 많이 넣은 음식물을 갈색으로 변하게 될 때까지 뜨겁게 열을 가해 특유의 향내가 나오게 하는 것이다.

Carp(잉어)

흐르는 물이나 연못에 서식하고 등뼈 물고기로 분류되며, 종류에는 미러(mirror), 스케일(scale), 레더(leather) 3종이 있다. 육질은 부드럽고 소화가 잘되며 겨울에 질이 가장 좋다.

Carry Over Cooking(캐리 오버 쿠킹)

뜸들이기를 말한다.

Cart Service(카트 서비스 : Weagon, Trolley, Gueridon)

카트 서비스는 주방에서 고객이 요구하는 종류의 음식과 그 재료를 카트에 싣고 고객의 테이블까지 와서 고객이 보는 앞에서 직접 조리를 하여 제고하는 서비스 형태이다. 일명 프렌치 서비스(french service)라고도 하는데 가장 호화롭고 쇼맨십(showmanship)도 요구된다.

Carver(카버 : Trancheur)

고기를 써는 사람을 말한다.

Carving(카빙)

주방에서 조리된 요리를 고객의 테이블 앞으로 운반하여 서비스 카트에 준비해둔 리쇼(rechaud) 위에 요리가 식지 않도록 올려놓고, 고객이 주문한 요리를 쉽게 먹을 수 있도록 생선의 뼈·껍질 등을 제거하거나 덩어리 또는 통째로 익힌 고기를 같은 크기로 잘라 서브하는 것을 말한다.

Casein(카세인)

염소 젖 속의 주요 단백질로서 치즈의 주재료가 된다.

Casserole(캐서롤 : Stewan)

밥·감자 등 수분이 있는 음식을 담는 손잡이가 달린 냄비를 말한다.

Catering(케이터링)

사사로운 파티나 음식 서비스를 위하여 식료·테이블·의자·기물 등을 고객의 가정이나 특정 장소로 출장 서비스를 하는 것을 말한다.

Caviar(캐비아)

철갑상어의 알이며, 회색과 흑색이 있다. 소금에 절이고 프레스(press)한 철갑상어의 알젓, 고급 오르되브르로 세계적으로 유명하다.

Celery Stalks(셀러리 줄기)

셀러리의 독특한 맛과 향은 줄기 · 잎 · 씨에 함유되어 있는 휘발성 기름 때문이며, 종류로는 녹색 · 황금색 등이 있으며 색깔로 구분한다. 잎줄기는 속이 꽉 차 있고 그 내부의 섬유질은 상당히 부드럽다.

Center Piece(식탁의 중앙 장식물)

식탁의 분위기를 좀 더 돋보이게 하기 위해서 중앙에 놓는 집기를 말한다. 즉 꽃병과 소금 · 후추병 · 재떨이 · 촛대 등이 있으며 뷔페 테이블의 중앙에 장식물로 놓이는 생선요리, 케이크, 과일용 은제 바스켓, 얼음조각 등도 이에 속한다.

Cereal(시리얼 : 곡물식, 조식에만 먹는 곡물요리)

조식에만 먹는 곡물요리로서 오트밀(oatmeal), 크림 휘트(cream wheat) 등과 같이 끓여서 더운 것을 더운 우유와 설탕을 곁들여 제공하는 핫 시리얼과 콘플레이크, 퍼프트 라이스(puffed rice), 슈거팝스(sugar pops), 레이즌 브랜(raisin bran) 등 가공된 곡물요리로서 차가운 우유와 설탕을 넣어 먹는 드라이 시리얼(dry cereal)이 있다.

Chafing Dish(채핑 디시)

음식을 계속 보온할 수 있도록 만들어진 용기. 보통 뷔페(buffet) 시 더운 음식물을 서브할 때 쓰이고 풍로가 달린 냄비를 말한다.

Charcoal Broiler(차콜 브로일러)

석쇠 밑에 용암을 깔고 위에 숯불을 피워 사용하거나 가스를 사용한다. 주로 스테이크나 바비큐 조리 시 많이 사용한다.

Chateau(샤토)

6cm 정도의 타원형 모양으로 야채를 자르는 것을 말한다.

Chateau Briand(샤토브리앙)

샤토브리앙

필렛(filet)의 가운데 부분을 두껍게 4~5cm가량 잘라서 석쇠구이를 하여 제공하는 것이다. 이것은 중년 이상의 고객층이 즐겨 찾는 연하고 맛있는 허리살 안심 스테이크의 최고품이다. 이 스테이크의 이름은 프랑스 혁명 전 귀족 샤토 브리앙이 즐겨 먹었던 데 유래한다.

Cheddar Cheese(체다 치즈)

원산지는 영국으로 세계의 영어 사용국에서 가장 많이 만들어지는 치즈로 미국에서는 그냥 치즈라고 말할 때에는 체다 치즈를 가리킨다. 살균한 우유를 이용하여 블록형으로 만들며 색깔은 옅은 상아색, 크림색, 천연의 식물성 색소인 아나토(annatto)로 염색한 붉은색 등을 띤다.

Cheese(치즈)

우유나 산양유 등을 레닛(rennet : 치즈 제조에 쓰이는 송아지의 제 4위의 내막)에 유산균을 작용시켜 지방 · 유당 및 무기물 등과 함께 응고시킨 후 발효시켜서 만든 것을 일반적으로 치즈라고 부른다.

Chef(주방장 : Chef de Cuisine)

식당의 주방장(kitchen chef)을 말한다.

Chef de Partie(조리장)

직속상관은 주방장이며, 그의 주된 임무는 자기 주방 종사원들의 근무 스케줄을 작성하고, 기술적인 면에서 소속 조리사들을 교육 훈련시켜 요리를 제대로 조리할 수 있도록 하여야 한다. 영업 전에 최종적으로 준비점검을 실시하고, 종료 후 마지막 점검도 한다.

Chef de Rang(셰프 드 랑 : Station Waiter)

식당 서비스 조직에 있어서 일개 구역(약 5개 식탁이 놓인 곳)을 담당하는 접객원을 말한다.

Chef de Vin or Sommelier(셰프 드 뱅 혹은 소믈리에 : Wine Steward. Wine Butler)

와인을 중심으로 하여 음료를 주문받고 직접 그 테이블에 서브하는 와인 접객원이다.

Cherries Jubiles(체리 주빌레)

커쉬와서를 첨가한 약간 걸쭉하고 진한색의 달콤한 체리와 주스. 이것을 크림 위에 붓고 연기가 나게 하여 차려낸다.

Cheveux(슈뵈)

머리카락형으로 자르는 방법을 뜻한다.

Chili Sauce(칠리소스)

칠레 고추를 넣은 토마토소스이다.

Chopping(초핑)

칼이나 예리한 도구로 음식물을 잘게 써는 것을 말한다.

Choux(슈)

구워진 형태가 흡사 양배추 같다 하여 프랑스어로 슈라 부르는 케이크로 속에 여러 가지 크림을 채운다. 디저트로 매우 유명하다.

Choux Paste(슈 페이스트)

달걀·물·소금·쇼트닝 그리고 밀가루로 이루어진 페이스트, 클레어와 크림퍼프를 만드는 데 사용한다.

Chutney(처트니)

과일과 양념의 레리시. 카레요리와 함께 차려낸다.

Cinnamon Toast(시나몬 토스트)

설탕과 계피를 바른 버터 토스트이다.

Coaster(코스터)

컵 밑에 받치는 깔판, 일명 글라스 매트(mat) 혹은 텀블러 매트(tumbler mat)라고도 하며 보통 두꺼운 마분지 제품이 많으며 수분을 잘 흡수하는 것이 좋다.

Cocktail Pick(칵테일 피크)

칵테일을 서브할 때 열매나 과실을 장식용으로 꽂을 때 사용하는 목제 및 플라스틱 제품이다.

Cod(대구)

회백색 살을 가지고 있으며 육식성으로 날카로운 이빨을 가지고 있다.

Coffee Shop(커피숍)

고객이 많이 출입하는 장소에서 주로 커피나 음료를 판매하면서 고객이 요구하면 간단한 경식도 곁들여 판매하는 일종의 경식당이다.

Collation(간식, 가벼운 식사)

가톨릭에서 단식일에 점심 또는 저녁 대신에 허용되는 간단한 식사나 간식을 말한다.

Consomme(콩소메 : Cream Soup)

부용(bouillon)을 맑게 한 것으로 부용이 맑고 풍미를 잃지 않도록 하기 위해 지방분이 제거된 고기를 잘게 썰거나 기계에 갈아서 사용하며 양파 · 당근 · 백리향 · 파슬리 등과 함께 서서히 끓이면서 계란 흰자위를 넣어 빠른 속도로 젓는다.

Consomme A La Royale(콩소메 알라 로얄)

로얄을 다이아몬드형으로 잘라 띄운 것으로, 로얄은 계란의 노른자와 흰자를 3:1의 비율로 배합하여 버터를 발라 15~20분 오븐으로 구운 것을 말한다.

Consomme Brunoise(콩소메 부뤼누아즈)

당근 · 무 · 파 · 셀러리를 아주 작은 주사위 모양으로 잘라 버터로 살짝 볶아서 쇠고기 콩소메에 띄운 것이다.

Consomme Celestine(콩소메 셀레스틴)

토피오카(topioka : 식용녹말)를 약간 넣은 콩소메로 밀가루 · 계란 · 우유 · 소금 및 후추로 만든 크레페(crepe)를 살짝 구워 좁게 잘라 콩소메에 띄운다.

Consomme En Tasse(콩소메 앙타즈)

콩소메를 찻잔에 담아 제공하는 것을 말한다.

Consomme Julienne(콩소메 줄리엔느)

당근 · 무 · 양파 · 파 · 셀러리 · 양배추 등을 썰어서 버터로 볶은 것을 콩소메에 띄운 것이다.

Consomme Paysanne(콩소메 페이잔느)

야채를 은행잎 모양으로 잘라서 버터로 볶은 것을 띄운 것으로 페이잔느(paysanne)란 말은 시골처녀의 티가 난다는 의미이다.

Consomme Printanier(콩소메 프린타니에르)

콩소메에 신선한 야채 여섯 가지 이상을 작은 주사위 모양으로 만들어 띄운 것을 말한다. 콩소메 프린타니에르 콜베르(Consomme Printanier Colbert)와 콩소메 프린타니에르 로얄(Consomme Printanier Royale) 등이 있다.

Convenience Food(컨비니언스 푸드 : 인스턴트 식품)

깡통식품이나 냉동식품같이 손쉽게 조리해 먹을 수 있도록 최후 조리 부분만을 남겨 놓고 대부분 손질되어 준비하여 둔 음식으로서 호텔에서는 신속한 서브를 하기 위하여 연회 · 컨벤션 등에 널리 이용된다.

Cook Out(야외요리)

천렵으로 야외에서 요리하여 먹는 소풍요리를 말한다.

Corn(콘)

옥수수로, 수프나 샐러드에 사용된다.

Corn Bread(콘 브레드)

옥수수 분말과 옥수수를 잘게 부순 것의 두 종류를 주재료로 하여 만드는 무가당 빵의 일종이다.

Cornflakes(콘플레이크)

옥수수를 눌러 바삭바삭하게 말린 것으로 시리얼(cereal) 종류의 하나이다.

Corsage(코르사주)

결혼식 · 회갑 · 생일 등 파티 때 주빈 앞가슴에 다는 꽃을 말한다.

Cost of Food Sold(식료 매출원가)

소비한 식료재료 원가에서 종업원의 식사원가를 제한 가치를 말한다.

Counter Service Restaurant(카운터 서비스 식당)

식당을 오픈키친(open kitchen)으로 하고 앞의 카운터(counter)를 식탁으로 하여 요리를 제공하는 것이다. 이 카운터 서비스 식당은 가격도 저렴하고 팁(tip)을 주지 않아도 된다.

Cover(커버)

덮개, 씌우개. 1인이 차지하는 식탁 위의 범위를 말한다.

Cover Charge(커버 차지)

식당 따위의 자릿값 또는 식음료 대와는 별도로 테이블 서비스에 대한 봉사료를 말한다.

Crab(게)

식욕이 왕성하고 육식을 하는 갑각류로서 종류는 다양하며 양쪽에 각각 5개의 다리가 있고 몸체는 칼슘분비로 딱딱한 껍질로 덮여 있으며 육질은 조직이 거칠고 부패하기 쉬우나 맛이 대단히 좋다.

Crayfish(가재)

강 · 연못 · 호수 등의 칼슘이 풍부한 얕은 물에 서식하며, 다리는 양쪽에 각각 5개씩 달려 있고 긴 수염을 가지고 있다. 속살은 즙이 많고 독특한 단맛을 가지고 있다.

Creaming(크리밍)

음식을 부드럽게 크림화하는 조리방법을 말한다.

Crepe Suzette(크레페 수제트 : 디저트용)

둥글게 말고 독한 브랜디 소스와 함께 차려내는 프랑스의 얇은 팬케이크이다.

Crisping(크리스핑)

너무 많은 습기를 제거하기 위해 크래커나 시리얼 같은 음식에 열을 가하는 것을 말한다.

Croquettes(크로켓 : Kro-Kets)

닭 · 날짐승 · 생선 · 새우 같은 것을 주재료로 하여 다진 고기에 빵가루를 입혀서 기름에 튀긴 것을 말한다.

Croutons(크루톤 : Krou-Tons)

오븐이나 딥 팻 프라이팬에서 황갈색으로 구운 육각형의 작은 빵조각. 대개가 샐러드나 수프와 함께 차려낸다.

Curd(커드 : 응유)

치즈를 만들기 위해 염소젖 속의 주요 단백질인 카세인(casein)과 지방을 함께 응고시키기 위한 젖산균(starter) 및 응유효소(rannet)를 작용시켜 얻은 응유를 말한다.

Curd Cheese(커드 치즈)

원료유를 응고시켜 커드로부터 훼이(whey)를 어느 정도 배출시켜 만드는 연질 치즈의 총칭. 지방함량은 4~18%로 가지각색이다.

Curd Formation(커드 포메이션)

살균처리된 원료유를 커드(curd) 형성을 위해 치즈 배트(cheese bat)에 넣는 것을 말한다.

Curd Knife(커드 나이프)

커드의 절단에 사용되는 칼로 수평철선칼과 수직철선칼 등이 있다.

Cut-out(컷아웃 : 도려내기)

칼이나 틀로 찍어내고 난 나머지를 말한다.

Cutlery(커트레이 : Flat Ware)

식당에서 손님에게 사용하는 스푼류 · 포크류 · 나이프류 등을 총칭하는 말이다.

Cutlet(커틀릿 : Cotelettes)

얇게 저민 고기(소 · 양)나 생선에 밀가루 · 빵 · 계란 · 빵가루 등을 묻혀서 튀겨낸 요리이다.

Cuttlefish(오징어)

오징어과에 속하는 연체동물의 총칭. 뼈오징어 · 오징어 · 왜오징어 등이 있다. 생것 또는 말려서 식용으로 사용한다.

Daily Market List(일일시장 구매 리스트)

식음료 구매에 있어서 저장이 곤란한 품목들로서 직접 생산부서(주방)로 이동되는 품목들이다. 신선도와 저장의 문제로 매일매일 구매해야 하는 생선류 · 야채류 · 과일류 · 육류 등이 포함된다.

Daily Receiving Report(일일 검수정보서)

검수 담당자가 호텔 레스토랑의 기자재 및 식자재가 입고될 때 명확히 문서화한 보고서이다.

Daily Report(일일 보고서)

부문별 수익과 비용을 그 당일에 기록하여 당일 경영이익을 계산할 수 있게 만든 회계보고서를 말한다.

Daily Special Menu(데일리 스페셜 메뉴 : Daily Menu. Carte de Jour)

주방장이 제공하는 그날의 특별 메뉴는 원칙적으로 그날그날 시장에서 특별한 재료를 구매하여 요리장의 아이디어와 기술을 발휘하여 일품요리의 메뉴에 없는 상품을 조리하여 고객에게 새로운 별미로 식욕을 돋우게 하는 차림표를 말하는 것으로 계절과 기념일 · 명절 등 때와 장소에 따라 계절감각에 어울리게 싱싱하고 입맛을 촉진시킬 수 있어야 한다.

Dejeuner(데이져네이)

조반(breakfast) 혹은 점심식사(lunch)를 말한다.

Deluxe Restaurant(디럭스 레스토랑)

고급호텔에 부수되어 있는 메인 레스토랑(main restaurant)이나 격이 높은 품위가 있는 고급식당을 뜻한다. 실내장식이 호화롭고 사용하는 기물도 은도금이 된 것을 사용하며 대체로 가격이 비싸다.

Demi Chef(데미 셰프)

버스 보이(bus boy) 역할뿐만 아니라 스스로 테이블을 알아 접객 서비스할 수 있는 준 접객원을 일컫는다.

Demi Tasse(작은 찻잔)

주로 식후에 제공되는 $\frac{1}{2}$용량의 커피 잔이다.

Deposit(디포짓)

반죽을 케이크 틀에 넣는 것을 말한다.

Dessert(후식)

식후에 먹는 음식류로서 감미류 · 과일류 · 치즈류로 구분하고 감미류는 찬 것과 더운 것으로 구분할 수 있다.

Deuce Table(듀스 테이블)

2인용 식탁이다.

Diner(간이식당)

자동차나 기차여행을 하는 사람들을 위해서 고속도로변이나 기차 내 또는 역 주위에 설치한 간단하고 값싼 음식을 파는 간이식당이다.

Dining Car(다이닝 카)

철도사업의 부대사업으로 기차여행객을 대상으로 열차의 한 칸에 간단한 식당설비를 갖추어 간단하고 저렴한 식사를 취급하는 식당이다. 즉 프라자 호텔에서 운영하고 있는 열차 내의 식당을 말한다.

Dining Room(다이닝 룸)

주로 정식을 제공하는 식당으로 호텔의 운영방침에 따라 식사시간을 정하여 놓고 아침식사를 제외한 점심과 저녁으로 나누어 정해진 시간에 식사를 제공하는 식당이다.

Dinner(저녁식사)

디너는 석식으로 가장 호화롭고 풍부한 식사로서 양질의 재료로서 요리한 식사이다. 정식의 저녁식사로서 정찬요리에 음료판매도 곁들여 할 수 있는 것이다.

Dish(디시)

도자기 · 금속 · 유리 등으로 된 요리를 담아 내놓기 위한 좀 깊은 듯한 큰 접시를 말한다.

※ Plate : Dish로부터 요리를 덜어 넣기 위한 밑이 얕은 접시
※ Saucer : 커피 잔 따위의 얕은 받침접시

Dish Dolly(디시 돌리)

접시를 쌓아 운반할 수 있도록 만든 카트(cart) 종류이다.

Doily(도일리 : Doyley)

작은 냅킨으로서 손을 씻거나, 약간의 무늬가 있는 도일리는 식탁 위에 깔고 세팅을 하여 놓는다. 그러나 일반적으로 원형의 도일리는 물컵 · 주스 · 맥주 등을 서브할 때 밑받침으로 사용된다.

Double Consomme(더블 콩소메)

고기의 양을 2배로 넣고 미르푸아(mirepoix)의 양은 1.5배로 넣어 만든 진한 콩소메 수프이다.

Dough(도 : 반죽)

물 · 밀가루 · 설탕 · 밀크 · 기름 등을 가해 혼합하여 반죽하는 것을 말한다.

Doughnut(도넛)

밀가루에 베이킹파우더 · 버터 · 설탕 · 계란 등을 넣고 반죽하여 단자나 고리 모양으로 만들어 기름에 튀긴 서양과자의 일종이다.

Drapes(드레이프스)

연회행사에서 쓰이는 테이블 주위에 장식하는 주름진 천(skirt)을 말한다.

Dresser(드레서)

고객에게 제공될 음식물의 미관을 좋게 하기 위하여 양념이나 다른 음식재료를 사용하여 장식을 맡아 최종적으로 상품으로서의 가치를 높이는 것을 말한다.

Dressing(드레싱)

드레싱이란 샐러드에 끼얹어 제공하는 것으로 샐러드의 맛을 한층 높여주는 역할을 한다. 드레싱은 옷을 입는다는 뜻으로 쓰였다고 하며 샐러드 위에 뿌리는 소스가 약간 흘러내려야 정상이다.

드레싱의 종류

1. A La Cream(Cream Dressing) : 크림과 식초, 레몬주스를 3 : 1 비율로 하여 소금과 후춧가루를 가미한 것이다.
2. A L' huile(Oil & Vinegar Dressing) : 올리브유 종류나 식용유에 식초를 넣고 소금 · 후추와 적포도주를 가미하여 만든 것이다.
3. Mayonnaise(마요네즈)
4. Thousand Island Dressing : 마요네즈 소스에 삶은 달걀 · 토마토케첩 · 양파 · 피클 · 핫 소스 등 여러 가지를 넣어서 만든 것이다.
5. French Dressing : 식용유에 식초와 소금, 후춧가루, 레몬주스, 겨자, 달걀노른자, 다진 양파를 혼합하여 만든 것이다.
6. English Dressing : 소금 · 후추 · 겨자와 식초(기름의 $\frac{1}{2}$ 정도)를 넣고

기름을 식초의 2배를 부어 만들어 약간의 설탕으로 맛을 낸다.

7. American Dressing : 잉글리시 드레싱과 같은 것으로 기름과 식초를 혼합하여 만들어 설탕을 가미(加味)하여 달게 만든 것이다.
8. Lemon Dressing : 소금 · 후추 · 레몬주스에 올리브유를 혼합하여 약간의 설탕으로 맛을 낸다.
9. Ravigotte : 차이브(chives) · 처빌(chervil) · 파슬리 · 타라곤(사철쑥) · 카퍼를 다져 혼합하여 향초를 적셔 시게 만든 것이다.
10. Gribiche Dressing : Gerkins(초에 담근 오이) · 카퍼 · 처빌 · 타라곤 · 파슬리와 삶은 계란 흰자위를 다져 마요네즈 소스에 혼합한 것이다.

Drug Store(드럭 스토어)

호텔 내에서 간단한 잡화류를 파는 장소이다.

Dumb-Waiter(요리운반용 승강기)

식품 · 식기 운반용 엘리베이터. 룸서비스용 엘리베이터로도 이용된다.

Earthenware(어슨 웨어)

한국식 식당에서 주로 많이 사용하는 질그릇의 종류를 말한다. 뚝배기 · 당기 등이 여기에 속한다.

Eclair(에클레어)

커스터드(custard : 우유 · 계란에 설탕 · 향료를 넣어 구운 과자)나 휘핑크림(whipping cream : 평균 36%의 유지방이 든 거품 일구기 좋은 크림), 얼음으로 채운 조그마한 장방형의 밀가루 반죽으로 구운 과자를 말한다.

Egg and Crumbing(에그 앤드 크러밍)

용해되거나 잘 혼합된 달걀에 음식물을 담그는 것. 그리고 빵가루를 뿌린다.

Egg Benedict(에그 베네딕트)

데친 달걀을 구운 영국 머친과 햄 위에 올리고 네덜란드 소스로 덮은 뒤 제공하는 요리이다.

Egg Roll(에그 롤)

프라이된 달걀 속에 햄을 넣고 썰어 만든 것으로 당근도 들어간다.

En Cocotte(앙 코코트)

달걀 따위를 내화성 소형 접시에 넣어 요리한 것을 말한다.

En Coquille(앙 코키유)

조개나 달팽이류의 껍질에 어류 · 새우 · 게 · 닭고기 · 달걀 등을 재료로 넣어 요리하는 형식이다.

En Papillote(앙 파피요트)

종이봉지에 싸서 굽는 요리법을 말한다.

En Suit Check(앙 수트 체크)

정식을 서브할 때 사용하는 전표로서 식후 선택 전표라고 할 수 있다. 대부분의 식당에서는 주식만을 주문받게 되는데

이 경우는 주식이 끝나고 빈 접시를 치울 때 다시 메뉴를 제시하여 후식(dessert)에 대한 주문을 받는다.

Enrobe(엔로브)

케이크 · 페이스트리 · 비스킷 · 아이스크림 등에 초콜릿 따위로 옷을 입히는 것을 말한다.

Entree(앙트레 : Main Dish)

정식의 여러 코스 중 중심이 되는 요리로 쇠고기 · 송아지고기 · 돼지고기 · 양고기뿐만 아니라 생선이나 가금류 종류도 식사 코스의 중심이 된다면 앙트레로 조리할 수 있다. 이외에도 쌀이 주식인 곳에선 밥 · 국수 · 빵 등이 모두 앙트레가 될 수 있다.

Entremets(앙트르메)

서양요리의 식사 코스에서 마지막에 내는 가벼운 요리로 수플레(souffle) · 햄 · 오믈렛 등과 같은 Not Sweet와 아이스크림 · 봉브글라세(bombe glacee) 등의 차가운 빙과류 그리고 작은 과자류의 요리를 말한다.

Epicure(에피큐르 : 미식가, 식도락가)

요리와 포도주를 좋아하는 사람을 말한다.

Executive Chef(조리장 : Head Cook, Chef de Cuisine)

음식을 조리하고 준비하는 총괄 조리장이다.

Family Service(패밀리 서비스)

아메리칸 서비스를 변화시킨 스타일로 가장 단조로운 서비스 방식이다. 음식은 주방에서 이루어져 볼(bowl)이나 플레이트(plate)에 서브가 되고 고객 스스로 요리를 분배하며 종업원의 관심도 적어 숙련되지 않은 종업원도 쉽게 적응할 수 있는 서비스이다.

Farce(파르스)

고기를 다져서 생선이나 야채 속에 채워넣어 만든 요리의 일종이다.

Fast Food(패스트푸드 : 급식)

바쁜 사람들을 위한 '빠른 서비스' 타입이며, 햄버거 하우스나 프라이드치킨 하우스와 같이 단 한 가지나 아니면 2~3가지 품목만을 전문으로 취급하는 전문 음식점이라 하겠다.

Feeding(급식식당)

단체급식식당을 지칭하는 말로 이 급식업소는 비영리적이며 주로 셀프 서비스(self service) 방식으로 운영되며 큰 기업체 · 학교 · 회사 · 병원 · 운수 · 교도소 등의 공공사업체에서 주로 많이 하는 급식방법이다.

Filet(필레 : Fillet)

육류나 생선의 뼈나 지방질을 추려낸 순 살코기의 상태이다.

Filet Mignon(필레살)

비프(beef)의 연한 허릿살 부분에 있는 안심을 말한다.

Fine Herbs(파인 허브)

가늘게 쪼갠 3~4가지 향료의 혼합물이다.

Finger Bowl[핑거볼 : (식후에) 손가락 씻는 그릇]

뼈가 있는 음식이나 과일을 손으로 직접 먹을 경우 손가락을 씻을 수 있도록 물을 담아 식탁 왼쪽에 놓은 작은 그릇을 말한다. 이때에 음료수로 착각하지 않도록 꽃잎 또는 레몬 조각 따위를 띄워놓는다.

Finger Food(핑거 푸드)

손으로 집어먹는 음식(당근 · 셀러리 따위를 잘게 썰어 기름에 튀긴 것)을 말한다.

First Cook(요리장, 조리장, 전문요리사)

각 조리부서의 조장으로서 조리 업무의 실무 면에서 탁월한 기능소지자로서 주방운영에 관하여 중간 관리자 역할을 수행하고 제반사항을 주방장 또는 부주방장에게 보고하며 조원의 업무감독, 음식재료유지 관리 등을 한다.

Fish(생선요리 : Poisson)

생선요리는 수프 다음에 제공되는 정식요리의 두 번째 코스로서 알려져 왔으나, 요즘에는 주식을 대신한 주요리로서 많이 찾기도 한다. 생선요리를 제공할 때는 머리 부분은 고객의 좌측으로, 배 부분은 고객의 앞쪽으로 가도록 놓아야 한다. 생선요리는 지방성분이 적고 결합조직이 없으며 비타민과 칼슘이 매우 풍부하므로 많은 사람들이 건강식으로 즐겨 찾기도 한다.

Fish Stock(생선 스톡 : Fond de Poisson)

생선의 뼈와 머리, 꼬리, 지느러미 같은 상품화할 수 없는 부위에 야채와 향료 등을 넣어 다갈색이 되도록 볶은 후, 물을 붓고 1~2시간 정도 끓인 다음, 소금과 후추, 레몬 껍질을 넣고 서서히 끓여 약 30분 후 찌꺼기를 걸러낸다.

Flambee(플랑베)

활활 타는 불에다 태우거나 혹은 그을린 것이나 식당 서비스 상에서 셰프 드 랑이 고객 앞에서 알코올을 열원으로 음식을 직접 조리하는 것을 말한다.

Flambee Cart(플랑베 카트)

고객 앞에서 종사원이 직접 조리하여 요리를 서브하는 알코올 또는 가스버너를 갖춘 카트이다.

Flamming(플래밍 : Flambee)

주로 프렌치 서비스에서 음식의 맛을 내고 고객에게 보이기 위해 고객 테이블 앞에서 특정한 술로 불꽃을 만들어 요리를 만드는 것이다

Flat Ware(플랫 웨어 : Cutlery)

테이블에 쓰이는 은기물류의 총칭이다.

Florist(꽃장식 전문가)

식당의 꽃장식은 분위기를 아름답고 포근하게 할 뿐만 아니라, 식사할 때의 미각을 돋우는 데 많은 도움이 된다.

Foie Gras(푸아그라)

전채요리의 하나로서 거위간으로 만든 빠데(goose liver pate)라고도 하며 거위간을 묵처럼 만들어놓은 것을 말한다.

Folding Table(연회용 탁자, 파티용 테이블)

연회 서비스 테이블로서 여러 개를 이어 사용하기 편리하게 만들어졌다.

Fondu(e)(퐁듀)

버터 · 치즈를 녹여서 달걀을 풀어 만든 요리이다.

Food Checker(푸드 체커)

주문한 메뉴가 조리되어 바르게 서브되는가를 점검하는 사람을 말한다.

Food Cover(푸드 커버)

고객에게 제공되는 음식 서비스 단위이다.

Food Service Station(레스토랑 구역담당자)

레스토랑에서 테이블 수와 구역에 따라서 종업원이 책임구역을 정하여 고객에게 서비스하는 것을 말한다.

French Dressing(프렌치 드레싱)

올리브유 · 식초 · 소금 · 향료 따위로 만든 샐러드용 소스를 말한다.

French Fries(감자튀김)

성냥개비처럼 썬 감자튀김이다.

French Service(프렌치 서비스)

프렌치 서비스는 유럽의 유족들이 좋은 음식을 원하거나 시간적 여유가 있는 사람들이 즐기는 전형적이고 우아한 서비스이다. 고객 앞에서 서비스하는 종업원은 숙련되고 세련된 솜씨로 간단한 음식을 직접 만들어 주기도 하고, 주방에서 만들어진 음식이라도 은쟁반에 담아 보여준 뒤 바퀴가 달려 이동 가능한 게리동(gueridon)에서 보온이 된 접시에 1인분씩 담아서 제공한다. 음식은 고객의 오른쪽에서 오른손으로 서브하며 빵과 샐러드는 고객의 왼쪽에 놓는다.

French Toast(프렌치 토스트)

주로 블랙퍼스트(breakfast)에 제공되며 달걀과 우유를 섞어 살짝 구운 빵을 말한다.

Fried Eggs(프라이 에그)

버터를 프라이팬에 치고 계란을 깨어 넣어 노른자까지 익힌 것이다. 이것에는 프라이드 햄(fried ham), 토스트 베이컨(toast bacon), 삶은 토마토와 튀긴 감자 등을 곁들인다. 요리하는 시간이 2분이면 소프트(soft), 3~5분이면 미디엄(medium)으로 익힌다고 한다.

Frying(프라잉)

뜨거운 기름에 튀긴다는 것을 말한다.

Funjue(펀주)

버터 · 치즈 · 설탕 · 빵가루 등으로 수플레와 같이 만들어 오븐에 구워내는 것이다.

Gala and Festival Menu(갈러 및 페스티벌 메뉴)

호텔 레스토랑에서 축제일이나 어느 특정 지방 및 특정 국가의 기념을 위하여 개발한 메뉴를 말한다.

Garden Party(가든 파티)

호텔의 연회장이나 레스토랑에서 개최하는 개업 · 축하 · 생일 · 장수 · 결혼식 등을 축하하는 연회를 가정의 정원에서 개최하는 것이다. 입식 형식의 파티로서 돌아다니면서 음식을 먹는 것이다. 연회장 중앙이나 한쪽 편에 테이블을 놓고 그 위에 요리를 준비해놓아 각자 자기 기호대로 자유로이 선택해서 먹도록 여러 가지 요리를 준비해서 내놓는다.

Garlic Bread(갈릭 브레드)

프렌치 브레드를 두께 1cm 정도로 얇게 자른 다음, 버터에다 마늘을 찧어 넣고, 실파 등을 썰어 넣어 만든 것을 발라서 오븐에 파삭파삭하게 구운 빵을 말한다. 이탈리안 요리에 주로 서비스된다.

Garlic Powder(갈릭 파우더 : 마늘을 건조하여 분말로 만든 향료)

마늘의 향은 독특한 매운맛을 갖고 있으며 각종 식품의 맛을 돋우는 데 효과가 대단하며 특유의 냄새는 다른 향료와 병행해서 쓰는 것이 바람직하다.

Garniture(가니튀르 : 곁들임)

주된 요리에 곁들이는 야채 · 해초 따위를 말한다.

Gateau(가토 : 과자)

케이크 과자를 말한다.

Gaufre(고프레)

조식용 얇은 과자(Waffle〈와플〉 : 밀가루 · 달걀 · 우유를 섞어 말랑하게 구운 케이크)를 말한다.

Glace(글라세)

오래 졸인 아주 진한 스톡(Stock : 고기 · 물고기 등의 삶은 국물)을 말한다.

Glass Ware(글라스 웨어)

식당기물 중에 유리로 만든 식기 종류를 말한다.

Goblet(고블릿 : 받침 달린 잔)

식당에서 주로 물컵의 용도로 사용하며 스템(stem)이 달린 잔이다.

Gourmand(구어먼드)

프랑스어로 맛있는 음식을 좋아하는 사람. 미식가.

Gourmand Dining(구어먼드 다이닝)

미식가들을 주 고객으로 맛있는 요리를 즐길 수 있는 식당, 즉 식도락가를 위한 식당이다.

Gravies(그레비)

그레비는 소스처럼 취급되고 있으나 차이점이 있다. 그레비는 단지 고기를 굽거나 삶은 즙으로 건더기가 생기지 않도록 처리된 것이다.

Green Cabbage(그린 캐비지)

양배추의 한 종류로 잎들은 초록색이고 매우 꼬불꼬불하고 엉켜 있다.

Greetress(그리트리스)

식당의 입구에서 지배인을 도와서 고객을 관리, 영접하고 식탁 안내 등을 맡은 여종업원을 말한다.

Grenadine(그레나딘)

본래 석류를 사용하여 만든 착색용 시럽이었으나 근래에는 인공적인 색소를 이용하여 만들며 음식에 빨간색을 내거나 감미를 더하기 위하여 사용되는 시럽이다. 칵테일 부재료로 많이 이용된다.

Grill(그릴)

유럽의 호텔에서는 그릴 룸이라고 하면 그 호텔 내에서 최고급의 일품요리를 서비스하는 레스토랑이란 뜻으로 사용되고 있다.

Grill Room(그릴 룸)

호텔 레스토랑에서 손님 앞에 고기 등을 구워 내놓는 그릴 식당을 말한다.

Grilled(그릴드)

육류나 생선을 석쇠나 쇠꼬챙이를 사용하여 직접 열로서 조리하는 방법이다.

Grinding(그라인딩)

음식물을 갈아 가루로 만든다. 예를 들면 쇠고기 · 커피 · 고추 등을 분말로 만들어 쓰는 것이다.

Grits(그리츠)

거칠게 갈아서 구운 옥수수를 말한다.

Gueridon(게리동 : Wagon)

이것은 고급식당에서 최고급 서비스를 제공하는 데 아주 중요한 기물로 바퀴가 달려서 전후좌우로 쉽게 이동할 수 있게 만들어졌다. 게리동은 고객의 식사주문에 의하여 동작되므로 식탁 사이의 공간이 충분하나 종사원의 부주의로 식탁이나 의자에 부딪히거나 닿아서는 안 된다.

Hacher(아세)

야채를 잘게 써는 방법을 말한다.

Ham(햄)

소금에 절이거나 훈제한 육가공품을 말하는데, B.C. 1000년경부터 고대 그리스에서 만들어졌다고 한다. 원래는 돼지고기의 넓적다리 살을 의미하였으나, 지금은 여러 부위를 사용하여 육제품을 만들고 있다.

Ham Rice(햄 라이스)

양식의 하나로 햄 · 양파 따위를 넣어 기름에 지지고 토마토 케첩 · 소금 · 후추로 양념한 밥이다.

Hamburg Steak(햄버그스테이크)

서양요리의 하나로 잘게 썬 쇠고기를 덩어리지어 조리거나 프라이한 음식이다.

Hamburger(햄버거)

1차 세계대전 당시 함부르크 지방에 고립된 연합군들은 식량부족으로 부대에서 나오는 찌꺼기 고기들을 버리지 않고 갈아서 조리한 후에 빵에 끼워 먹었다고 하며 그곳의 지명을 따서 영어식 표기로 햄버거라고 부르게 되었다.

Handing-up(핸딩업)

빵 반죽을 여러 형태로 만들거나 저울에 달아 분할하는 것을 말한다.

Happy Hour(해피 아워)

호텔 식음료 업장에서(라운지 · 칵테일 바 또는 펍) 하루 중 고객이 붐비지 않은 시간대(보통 4시에서 6시 사이)를 이용하여 저렴한 가격으로 또는 무료로 음료 및 스낵 등을 제공하는 서비스 판매 촉진 상품의 하나이다.

Hashed Brown Potatoes(해시드 브라운 포테이토즈)

삶은 감자를 거칠게 다져서 양파 · 파슬리 · 소금 · 후추 · 베이컨을 넣고 둥근 형태를 만들어 튀겨낸 것을 말한다.

Herb(허브 : 향초)

향신료는 채취 부위에 따라 스파이스(spice)와 허브(herb)로 구별할 수 있는데, 허브는 식물의 잎 · 꽃봉오리 등 비교적 부드러운 부분으로 스파이스에 비해 향이 약하다.

Hollow Ware(할로우 웨어)

서비스용 각종 쿠퍼(cooper) · 소스(sauce) · 보트(boat) 등의 기물류(속이 깊은 그릇)를 말한다.

Hot Cake(핫케이크)

밀가루와 계란 · 우유 · 설탕 · 버터 · 베이킹파우더 등을 혼합 반죽하여 프라이팬에서 양면을 익힌 빵 케이크의 일종이다.

Hot Dessert(핫 디저트)

더운 디저트에는 조리방법에 따라 다음과 같은 조리법이 있다. 즉 오븐에서 굽는 법, 더운 물 또는 우유에 삶아내는 법, 기름에서 튀겨내는 법, 팬에 익혀내는 법, 알코올로 플랑베(flambee)하는 법 등이 있다.

Hot Drink(핫 드링크)

사람의 체온보다 온도를 높인 음료를 말한다. 즉, 사람의 체온(36.5℃)보다 25~30℃가 높은 약 62~67℃ 정도로 해서 마신다.

Hot Plate(핫플레이트)

요리용 철판, 요리용 전기 히터를 말한다.

Hot Sauce(핫 소스) I

잘 익은 고추에 식초 · 소금 등을 흰 오크(oak)통에 넣어 숙성시킨다. 각종 요리에 매운 맛을 낼 때 사용하는 소스이다.

Hot Souffle(핫 수플레)

크림소스에 스위스 치즈나 가루 치즈를 혼합하여 양념과 함께 오븐에 넣어 구워낸 것을 말한다.

Ice Box(아이스 박스 : Ice Bucket)

얼음 담는 통이다.

Ice Carving(얼음조각)

얼음을 재료로 하여 작가의 상상력과 창의력 그리고 독특한 테크닉에 의해 완성되는 작품이다. 다양한 모양으로 연출된 투명한 얼음 작품에 총천연색의 조명이 비추어지고 서서히 녹아내리는 물방울과 어우러지게 되면 사람들로 하여금 신선감과 만족감을 볼 수 있게 하여 준다.

Ice Cream(아이스크림)

16세기경 이탈리아의 부호인 메디치가의 한 요리사가 샴페인을 마시다가 문밖에 놔둔 채 잠이 들었다. 이때는 매우 추웠던 겨울철이라 다음날 아침에 얼어붙어 있는 샴페인을 맛보게 되었고 그 새로운 맛에 감격을 하였다. 그 후 메디치가의 딸 캐더린이 프랑스의 앙리 Ⅱ세와 결혼할 때 만찬석상에 얼음과자를 선보인 이후 과즙·우유·주류 등을 가미하여 셔벗에서 본격적인 아이스크림을 선보였다. 1904년 미국 세인트루이스의 만국박람회에서는 아이스크림이 일반대중에게 처음 선을 보였다.

Icing(아이싱)

케이크에 바르거나 장식하는 설탕크림을 말한다.

Inter Unit Transfer(식음료 자재 대체)

호텔 내부에서 레스토랑의 수가 많으면 서로 필요한 식음료 자재를 주고받는 경우를 말한다.

Irish Stew(아이리시 스튜)

양고기·감자·홍당무·양파 등을 넣은 스튜이다.

Italian Dressing(이탈리안 드레싱)

식초·마늘·올리브유·레몬주스·오레가노(oregano)·바질(basil)·딜(dill) 등으로 만든 드레싱을 말한다.

Jardiniere(자르다니에 : Shar-Deene-Air)

같은 모형의 길이·넓이를 가장 얇게 자르는 것을 수프 건더기나 소스 등에 넣는 형태이다.

Jelly(젤리)

젤라틴·계란흰자·설탕·레몬·백포도주·물을 섞어서 가

열한 후 차갑게 응고시킨 것이며, 이외에 각종 과일 또는 향신료를 첨가하여 만든 것도 있다.

Juilenne(줄리엔느)

야채를 5cm 길이로 가늘고 길게 써는 방법을 말한다.

Ketchup(케첩)

토마토 · 식초 · 소금 · 양파 · 파우더 · 향초 등을 재료로 하여 만든 소스이다.

Kitchen Test(키친 테스트)

주방에서 요리에 사용되는 식료재료의 표준산출고 시험(standard yield test)을 말한다.

Knish(크니시)

감자 · 쇠고기 등을 밀가루 반죽으로 싸서 튀기거나 구운 것을 말한다.

Lamb(양고기)

양고기는 두 가지가 있는데 1년 이하의 어린 양고기는 램(육질이 부드럽고 맛이 담백), 1년 이상의 양고기는 머튼(mutton : 섬유질과 근육이 발달하여 질기고 맛도 담백하지 못함)으로 분류한다. 양고기 요리 종류에는 랙 오브 램(rack of lamb), 램 찹(lamb chop)이 있다.

Lamb Chop(램 찹)

1년 이하의 양고기 로스 부분을 얇게 잘라서 적포도주 · 양파 · 셀러리 · 올리브유로 잰 후 고기를 소테(saute : 살짝 튀긴 고기요리)한 다음 백포도주로 조리해서 둥글게 썰어놓는다.

Lame(라므)

레몬 등을 엷게 자르는 방법이다.

Lamington(래밍턴)

네모난 카스텔라에 초콜릿을 바르고 코코넛을 뿌린 과자이다.

Lasagna(라자냐)

치즈, 토마토소스, 파스타, 저민 고기 따위로 만든 이탈리아 요리를 말한다.

Lemon Cheese(레몬 치즈)

레몬에 설탕 · 달걀 등을 넣어 가열하여 잼 모양으로 만든 식품으로 빵에 바르거나 파이에 넣는다.

Lemon Lime(레몬 라임)

무색투명한 탄산음료를 말한다.

Lobster(랍스터 : 바닷가재, 대하)

보리새우과에 속하는 새우의 하나. 바다 밑바닥의 벌에서 서식한다. 민물 게와 비슷하고 두 개의 집게발이 있다. 육질은 풍미가 있고 우수하여 고가로 팔린다. 보통 산 채로 삶아서 저장하였다가 요리한다.

Loin(로인 : 허리고기)

육류의 등심으로, 갈비뼈가 끝나는 부분에서 엉덩이까지의 허리고기를 말한다.

Lounge(라운지)

고객의 휴게실과 만남의 장소로서 커피 · 칵테일 · 술 종류 등의 서브와 여흥(entertainment) 제공을 하는 장소이다. 예컨대 피아노 반주, 가수의 노래와 춤, 공연 등이 행하여진다.

Lunch(점심 : Lunchon)

영국에서는 아침과 저녁 사이에 먹는 것을 런천(luncheon)이라고 말하며, 미국사회에서는 12:00부터 아무 때나 간단하게 먹는 것을 런치(lunch)라고 하는데, 비교적 타블 도트(table d'hote : 정식) 순서에 따라 3~4코스, 즉 수프 · 앙트레 · 디저트 · 커피 등으로 구성된다.

Lunch Counter(런치 카운터)

카운터를 식탁으로 대신 준비하여 놓고 고객은 카운터에 앉아서 직접 주문하여 먹는 식당으로 고객은 조리과정을 직접 볼 수 있어 기다리는 시간의 지루함을 덜어줄 수 있는 식당이다.

Macaroni(마카로니)

이탈리아 음식 파스타의 일종으로 대표적인 소프트 파스트(soft pasta)이다.

Macaroni Cheese(마카로니 치즈)

마카로니에 치즈가루를 뿌리고 구운 요리이다.

Made Dish(메이드 디시)

고기, 야채 그밖에 여러 가지를 섞어 조리한 요리를 말한다.

Madeleine(마들린 : 작은 카스텔라)

프랑스의 아주 오래된 과자 중의 하나로 프랑스 로렌지방에서 처음 만들어져 18세기에는 베르사유에서부터 파리까지 유행했으며 금세기 전 세계의 버터케이크가 되었다.

Main Dish(메인 디시)

주요리 식사 중 가장 으뜸이 되는 요리로 앙트레(entree)라고도 부른다.

Main Kitchen(메인 키친 : Production Kitchen. Central Kitchen)

호텔에서 음식을 조리 생산하는 곳으로 요리의 기본과정을 준비하여 영업 주방을 지원하는 곳이다. 또한 메인 주방은 주로 뱅큇(banquet), 케이터링(catering) 등을 관리하여 각 업장에서 필요로 하는 음식, 기본적인 음식, 가공식품 등을 준비하여 공급한다.

Maple Syrup(메이플 시럽)

단풍나무에서 축출하여 와플이나 프렌치토스트를 제공할 때 버터와 함께 제공한다.

단풍나무 시럽

단풍나무 시럽은 캐나다 동부지역이나 미국 북부지역에서 많이 생산되는데 특히 퀘벡이나 뉴잉글랜드, 뉴욕주 등에서 주로 생산된다. 거의 모든 종류의 단풍나무에서 수액을 얻어낼 수 있으나, 대개는 사탕단풍의 수액으로 시럽을 만든다. 각 지역의 기후에 따라 차이가 나지만 주로 2월에서 4월 사이에 생산되며, 사탕나무에 낸 구멍에 튜브를 넣어 수액을 얻어낸다. 처음 나무에서 얻어낸 수액은 당도가 매우 낮기 때문에 끓여서 수분을 없애고 당도를 높여 시럽을 만든다.

수액을 끓여 시럽을 만드는 곳을 '슈거 섄티(sugar shanty)', '슈거(sugar shack)', '슈거 캠프(sugar camp)' 등으로 부르는데 지붕에 수액을 끓일 때 나오는 증기를 배출하기 위한 창이 달려 있다.

라이트(light), 미디엄(midium), 앰버(amber), 다크(dark)로 종류를 나눌 수 있는데 뒤로 갈수록 진한 맛을 낸다. 팬케이크나 크레페, 와플 등의 토핑으로 주로 이용된다. 차를 마실 때에도 감미료로 애용되는데, 특히 홍차와 잘 어울린다.

Marmalade(마멀레이드)

신선한 오렌지나 레몬 종류의 껍질과 속을 같이 설탕에 조린 것으로 껍질과 씨에서 쓴맛이 나고 그 쓴맛과 단맛이 어울린 것이 마멀레이드의 특징이다. 조식에 있어 토스트에 발라먹는다.

Marseillais(마르세예)

다진 양파, 마늘을 기름에 볶아 붉은 포도주와 앤초비, 토마토소스를 혼합한 것을 말한다.

Maryland(메릴랜드)

육류나 가금류를 밀가루 · 계란 · 빵가루를 발라 기름에 튀긴 다음 크림 그레이비(gravy)를 넣은 요리이다.

Mashed Potato(매시드 포테이토)

삶아서 짓이긴 감자와 버터, 우유를 섞어서 만든 음식을 말한다.

Matelote(마틀로트)

화이트 와인(white wine) 또는 레드 와인(red wine)을 이용한 생선찜으로 주로 담수어 요리에 이용한다.

Mayonaise Sauce(마요네즈 소스)

계란 · 겨자를 넣고 소금 · 후추 · 우스터소스를 혼합하여 레몬주스를 넣고 샐러드유를 서서히 부으며 같은 방향으로 젓는다. 어느 정도 저으면 마요네즈 소스가 된다.

Meat Breakfast(미트 블랙퍼스트)

일반적으로 영국과 아일랜드에서 행해지고 있는 아침식사로 주로 곡물 · 고기 · 달걀 · 빵 · 음료로 이루어져 있다.

Meat Tag(육류 꼬리표)

호텔에 육류가 입고되면 고기에 꼬리표를 붙여서 무게, 입고일자, 단위당 가격, 등급, 그리고 공급자에 대한 정보를 기록한 표이다.

Meat Tenderizing Process(육류 연화과정)

도살 직후 근육의 섬유질이 경직되는 과정에서 단단해지므로 고기를 부드럽게 하기 위하여 고기를 뼈와 함께 냉장고에 20일 정도 걸어 두는 것을 말한다. 로스트와 스테이크는 약 10~14일 정도 숙성시키고 삶을 때는 4~8일 정도 숙성시킨다.

Medium(미디엄)

중간 정도 익힌 요리, 알맞게 익힌 요리를 말한다.

Medium Rare(미디엄 레어)

레어(rare)보다는 좀 더 익히며 미디엄(medium)보다는 좀 덜 익힌 것으로 역시 자르면 피가 보이도록 하여야 한다. 조리시간은 약 3~4분 정도이고 고기 내부의 온도는 55℃ 정도이다.

Medium Roasting(미디엄 로스팅)

커피콩을 중간으로 볶는 것을 말한다.

Meduim Well-Done(미디엄 웰던)

자르면 가운데 부분에만 약간 붉은색이 보이도록 거의 익히는 것으로 조리시간은 약 8~9분 정도이고 고기 내부의 온도는 65℃ 정도이다.

Melba Toast(멜바 토스트)

흰 식빵을 얇게 썰어 오븐에 갈색이 나도록 바삭바삭하게 구워낸 소형 토스트빵(두께 2mm, 가로 3cm, 세로 5cm)을 말한다.

Menu(메뉴 : Carte, Bill of Fare)

본래는 식당의 요리장에서 요리의 재료를 조리하는 방법을 설명한 것인데, 요리를 조리하여 상품으로 판매할 수 있도록 고객 앞에 어떤 요리가 있다는 것을 알리는 목적으로 식당에서 사용하는 요리의 목록표를 말한다.

Menu Tent Card(메뉴 텐트 카드)

천막식으로 접어서 식탁에 세워 놓은 메뉴 카드를 의미한다.

Menu Type(메뉴 타입)

메뉴 타입은 일반적으로 고정 메뉴, 순환 메뉴, 마켓 메뉴로 나누어진다.

Meringue(머랭)

설탕과 계란 흰자위를 살짝 구워 만든 껍질에 크림을 넣은 과자를 말한다.

Mignon(미뇽)

소고기의 안심 끝 부분을 스테이크용으로 토막내서 베이컨을 감은 것을 말한다. 일반적으로 필레미뇽이라는 이름의 요리로 판매되고 있다.

Mincing(민싱 : Mince)

가늘고 작게 다지는 것을 말한다.

Minestrone Soup(미네스트론 수프)

이탈리아의 대표적인 수프로 베이컨, 야아, 셀러리, 당근, 감자, 토마토 페이스트를 볶아 스톡에 넣은 후 향료를 첨가하여 끓인 야채수프의 일종이다.

Minute Steak(미뉴에트 스테이크)

짧은 시간에 요리되는 1.3cm 정도의 두께로 썬 작은 스테이크를 말한다.

미뉴에트 스테이크

미뉴에트 스테이크(minute steak)는 1.3cm 정도의 두께로 썬 스테이크를 짧은 시간 안에 구워내는 것을 말한다. 보통 스테이크 조리법으로는 고기를 석쇠에 올려놓고 직접 불에서 굽는 브로일드 스테이크(broiled steak), 두꺼운 철판이나 프라이팬에서 굽는 팬 브로일드 스테이크(pan-broiled steak), 브로일링한 스테이크를 오븐 속에서 데운 사기 접시나 금속제 접시에 담은 후 버터를 바르고 소금과 후춧가루를 뿌려 먹는 플랭크트 스테이크(planked steak), 고기 두께를 1.3 cm 정도 얇게 썬 미뉴에트 스테이크(minute steak), 간 고기를 반죽하여 구운 햄버그스테이크(hamburg steak), 라운드 스테이크와 같이 약간 질긴 부분의 고기를 두들겨 부드럽게 한 후 프라이팬에 기름을 두르고 고기의 양쪽을 갈색이 나도록 구워 약간의 물을 붓고 약한 불로 뚜껑을 닫고 익힌 스위스 스테이크(swiss steak) 등이 있다.

Miroton(미로통)

쇠고기에 양파를 넣은 스튜이다.

Mise-en Place(영업장 준비)

레스토랑에서 종사원이 고객에게 식사를 제공하기까지는 모든 사전 준비가 완벽하여야 한다.

Mixed Grill(믹스드 그릴)

고기, 콩팥, 베이컨 소시지, 토마토, 버섯, 풋고추를 혼합해서 굽는 것을 말한다.

Mixing(믹싱)

두 가지 이상의 요리재료를 결합하여 섞는 것을 말한다.

Mousse(무스)

계란 · 생크림 · 설탕 · 럼(rum)을 혼합한 다음 글라스에 차갑게 한 것이며 부재료에 따라 종류를 다양하게 할 수 있다.

Muffin(머핀)

옥수수가루 등을 넣어서 살짝 구운 빵이다.

Napery(네이퍼리 : Table Linen)

식탁용 리넨류로서 테이블클로스, 냅킨 등이 있다.

Napkin(냅킨)

암 타월(arm towel)이라 하여 냅킨으로 대용하여 왼쪽 손목에 걸고 뜨거운 음식을 운반할 때 받쳐 사용한다. 또는 쟁반에 깔아 그릇이 부딪치는 소음을 방지하고 미끄러지는 것을 방지하기 위해서 쓰인다.

Newburg Sauce(뉴버그 소스)

생선에 사용하는 피시 벨루테 소스(fish veloute sauce)에 계란 · 크림 · 셰리와인(sherry wine) 등을 넣고 만든 소스이다.

Nut Cracker(호두 까는 기구)

보통 호두나 껍질이 딱딱한 것을 깨기 위한 집게이다. 음식에는 특히 바닷가재 · 게 종류를 깨기 위해 사용된다.

Oatmeal(오트밀)

우유와 설탕을 섞어 아침에만 먹는 곡물요리의 일종으로 귀리가 재료로 사용된다.

Oeuf a la Coque(외프 아 라 코크)

껍질째 삶은 계란 반숙을 말한다.

Oeuf au Lard(외프 오 라르)

베이컨을 곁들인 계란요리이다.

Oeuf en Cocotte(외프 앙 코코트)

작은 내화성 접시에 담아서 조리한 계란요리이다.

Oeuf sue le Plat(외프 쉬르 르 플라)

작은 접시에 담아 구워 그 접시와 함께 제공하는 계란요리이다.

Official Check(오피셜 체크 : Special Treatment Bill)

사내 직원의 시식 및 외부손님 방문 시 접대의 이유로 해서 사원 및 간부들이 사용하는 계산서이다.

Oignon au Gratin(오뇽 오 그라탱)

프랑스의 양파 수프로서 세계적으로 유명하다.

Oil(오일)

기름류로 대두유 · 올리브유 · 참기름 · 호두기름 · 돼지기름 · 버터 · 쇠기름 등이 있다.

Olive(올리브)

올리브는 22%의 기름을 함유하고 있다. 껍질은 익었을 때 녹색 혹은 보라색이고 완전히 익었을 때 소금물에 넣어 가공 처리한다. 남부 이탈리아 요리에는 올리브유를 버터 대신 사용한다.

Omelet(te)(오믈렛)

계란요리의 일종으로 첨가물 없이 계란만 말아서 만든 것을 플레인 오믈렛(plain omelet)이라 하고, 햄(ham), 치즈(cheese), 베이컨(bacon), 버섯, 양파 등을 속에 넣어서 만들기도 한다.

One Waiter System(원 웨이터 시스템 : Station Waiter System)

원 웨이터 시스템의 편성은 대개 계절적으로 영업을 하는 계절식당에서 가장 많이 사용되는 시스템으로 한 식당에 헤드 웨이터를 두고 그 밑에 한 명씩 정해진 웨이터가 스테이션에 근무하면서 직접 손님에게 식사와 음료를 주문받아 서비스를 하는 것으로 비교적 능숙한 접객원으로서 모든 업무에 숙달하여야 한다.

Onion Bread(마늘빵)

옥파를 잘게 다져 빵반죽에 넣거나 성형된 반죽을 프루핑 박스에서 꺼낸 다음 그 위에 뿌려서 굽는 빵을 말한다.

Open Bar(오픈 바)

(결혼 · 피로연 따위에서) 무료로 음료를 제공하는 바를 말한다.

Operation Hour(영업시간 : Opening Time)

호텔 식당의 영업시간을 말한다.

Order Slip(주문서 : Order Pad)

웨이터 · 웨이트리스가 작성하는 식음료의 주문전표이다.

Outlet Manager(식당 부문의 업무 지배인)

식음료부장의 하위직으로 업장 지배인을 말한다.

Oval Plate(오벌 플레이트)

중간이 약간 들어간 타원형의 접시이다.

Ovaltine(오벌틴)

우유음료를 만들기 위한 분유 또는 착향된 몰트와 분유의 상표를 말한다.

Oven(오븐)

열을 가하여 만들어 조리하는 식음 기자재이다.

Over Easy(오버 이지)

앞·뒤를 다 익힌 계란요리의 명칭으로 속을 완전히 익히지 않는다.

Over Heat(오버 히트)

석쇠 위에 고기를 얹어 직접 열을 받게 하여 뒤집어가며 굽는 조리법이다. 열원으로는 숯불·가스·코크스·전기 등이 쓰이고 조리할 때는 소금·후추·향료 등을 뿌려가면서 굽는다.

Ox-Tail(옥스테일)

소꼬리를 말한다.

Oyster(굴)

굴과에 속한 쌍패류의 총칭이다.

Paid Bar(페이드 바)

제공되는 모든 음료가 미리 지급되어 있는 바(bar)를 말한다.

Pancake(팬케이크)

프랑스의 전통적인 후식으로 밀가루·계란·우유·설탕 등을 혼합한 후 프라이팬을 이용하여 종이처럼 얇게 익힌 것이며, 과일 브랜디, 리큐르 등으로 만든 내용물과 소스를 곁들여서 여러 가지 모양으로 만든다.

Pancake Roll(팬케이크 롤)

표고 · 고기 · 부추 따위로 만든 속을 넣고 빚어 튀긴 중국만두이다.

Pane Tone(파네 토네)

이탈리아의 대표적인 빵으로 식품점 · 제과점 등 어디서나 볼 수 있다. 파네는 빵, 토네는 달다는 뜻인데 이 빵은 종류도 많고 맛과 모양도 다양하다.

Pantry Towel(팬트리 타월 : Cleaning Towel)

식기를 닦는 데 사용하는 타월이다.

Pao(빵 : Pain)

밀가루와 물, 이스트, 정제된 소금, 설탕, 지방분, 우유 등의 재료로 미생물인 효모가 유기물에 작용해서 일으키는 발효 현상을 이용하여 만든 것이 빵이다.

Par Boiling(파 보일링)

물에 끓여 부분적으로 요리하고 다른 방법에 의하여 완전히 요리하는 방법이다.

Par Stock(파 스톡)

파 스톡이란 바(bar) 등 주류영업장에서 물품공급을 원활히 함으로써 신속한 서비스를 도모하기 위한 목적에서 일정수량의 식료재고를 저장고에서 인출해서 업장의 진열대나 기타의 장소에 보관하고 필요한 때 사용하는 재고를 지칭한다.

즉, 저장되어 있는 적정재고량을 말함이다.

Parfait(파르페)

과일 시럽과 달걀, 크림을 휘핑하여 만든 풍미 있는 빙과 후식이다.

Parmesan Cheese(파르메산 치즈)

전통 이탈리아 치즈로 대표적인 경질 치즈이기 때문에 갈아서 쓴다.

Pasta(파스타 : 면류 요리의 총칭)

이탈리아 전통요리에 사용되는 것으로 밀가루와 계란으로 만들어지며 보통 곱게 잘 갈라진 단단한 밀 종류인 세모리나(semolina)와 듀럼 밀(durum wheat : 마카로니)에서 정제하여 밀가루로 만든 것이다.

Paste(페이스트)

생선 · 닭고기 · 간 · 토마토 등을 갈아서 이긴 식품으로 빵에 발라서 먹는다.

Pastry(패스트리)

밀가루 반죽으로 만든 과자류(pie, tart, turnover 등)

Pate(파테)

고기나 간을 갈아 반죽하여 더블 보일링(double boiling)하여 만든 것으로, 식욕촉진제로 많이 사용된다.

Peeling(필링)

껍질을 벗긴다는 뜻. 레몬이나 오렌지의 껍질을 벗겨 칵테일 조주 시에 글라스 장식을 하면서 향기를 내게 한다.

Pepper Mill(페퍼 밀)

다닥냉이 무리의 식물로 샐러드용 야채로 쓰인다.

Petit Dejeuner(프티 데이져네이)

스몰 런치란 뜻으로 아침식사, 그중에서도 콘티넨탈 블랙퍼스트(continental breakfast)를 말한다.

Petit Four(프티 푸르 : Petits Fours)

식후에 커피와 함께 제공되는 작은 케이크류(작은 과자)로 오븐에 구워낸 과자이다.

Petit Marmite(프티 마르미트)

강력한 콩소메와 닭고기 국물을 함께 합쳐 다이아 모양으로 잘라 삶은 야채, 쇠고기 그리고 닭고기와 함께 차려낸 것.

Petit Sales(프티 살레)

짭짤한 맛이 나는 요리용 또는 칵테일파티용 스낵. 퍼프페스트리에 훈제 연어나 치즈 등을 올려놓고 구워내는 것.

Pickle(피클)

서양식 김치로 오이와 양파 등의 야채를 식초 · 설탕 · 소금 · 향신료를 섞어 만든 액체에 담아 절여서 만든다. 고기 · 생선 · 빵 등에 곁들여서 먹는다.

Pizza(피자)

이탈리아식 파이로 토마토 · 치즈 · 고기 · 양념 등을 혼합한 후 이스트를 넣어 반죽한 밀가루 떡을 얇고 평평하게 민 것 위에 담아 오븐에 넣어 구운 것을 말한다.

Place Plate(플레이스 플레이트)

식탁용 장식용 접시이다.

Plat du Jour(플라 뒤 주르)

메뉴의 일종으로 호텔 레스토랑에서 그날의 특별요리를 말한다.

Plate(플레이트)

보통 납작하고 둥근 접시. 요리의 한 접시. 요리의 1인분을 말한다.

Plate Service(플레이트 서비스)

레스토랑에서 경양식을 제공하는 보편적으로 행해지고 있는 서비스 방식이다. 주방의 요리를 담은 플레이트를 웨이터 · 웨이트리스가 손으로 들고 가서 손님 앞에 제공하며 신속한 서비스를 할 수 있는 것이 특징이다.

Poaching(포칭)

원형을 상하게 하지 않은 채 뜨거운 물에서 삶는 것으로 계란요리에 주로 사용된다.

Poached Eggs(깨어 삶은 계란)

계란을 깨어 약한 불로 혹은 끓는 물에 잠시 넣어 노른자가 터지지 않게 살짝 익힌 것이다. 물 2컵에 식초를 2티스푼을 타서 끓인 것을 사용한다.

Poche(포세)

끓는 액체에 넣어 데치거나 반죽하는 조리법이다.

Polivit Plate(폴리비트 플레이트)

앙트레나 채소요리 등을 담는 납작하고 큰 은기물을 말한다.

Pork(돼지고기)

돼지고기 요리로는 포크 찹(pork chop), 포크커틀릿(pork cutlet) 등이 있다.

Porter House Steak(허리등심 스테이크)

허리 부분, 윗부분에 안심과 뼈를 같이 잘라낸 부위를 말한다. 이 스테이크를 잘라낸 후 다시 조그마하게 잘라낸 것을 본 스테이크라 한다.

Pot au Feu(포토푀)

쇠고기와 뼈를 채소 등과 함께 고아서 만든 육수이다.

Pot Pie(포트 파이)

고기를 넣은 파이, 고기만두 스튜를 말한다.

Pot Still(포트 스틸)

위스키 증류법으로 소량을 증류시키는 단식 증류법이다.

Potage Clair(포타주 클레어)

맑은 수프, 즉 콩소메를 말하는 것으로 주재료를 소나 닭·생선·자라 등 어느 것이나 한 가지 재료만을 사용한다.

Potage Creme(포타주 크림)

부용(bouillon)에다 밀가루를 버터에 볶아 우유를 넣어 만든 수프로서 화이트 스톡을 사용하거나 기타 스톡으로 만든다.

Potage Puree(포타주 퓌레)

야채수프가 그 대표적인 것인데, 화이트 스톡, 생선 스톡, 폴트리 스톡(poultry stock)으로 만들 수 있으며 여기에다 각종 야채를 버터에 볶아 넣고 만든 것이다.

Potage Velute(포타주 벨루테)

부용에다 밀가루를 버터에 볶아 넣은 것을 기본으로 하고 여기에 달걀과 야채를 섞어 만든 것이다.

Poulet(푸레 : Poultry)

닭·칠면조·오리 등 가금류의 통칭이다.

Pricasseing(프리세잉)

닭·송아지고기·토끼 따위의 가늘게 썬 고기의 스튜 또는 프라이한 프랑스 요리이다.

Prunier Restaurant(프루니에 레스토랑)

어패류 요리를 전문적으로 서비스하는 레스토랑을 말한다.

Pudding(푸딩)

밀가루에 과일·우유·달걀 등을 넣고 향료와 설탕을 넣어 구워 만든 것으로 식후에 먹는 말랑말랑한 케이크의 일종이다.

Puree(퓌레)

포타지리에(potagelie)의 기본 수프로 각종 야채·고기를 삶아 걸쭉하게 만든 수프의 일종이다.

Quick Lime(생석회)

생석회로서 흡수성이 강한 물질이다. 설탕으로 만드는 작품의 방습제 및 보존제로 쓰인다.

Rack of Lamb(랙 오브 램)

허리 부분의 뼈달린 부분을 잘라서 양념을 뿌려 볶는다. 오븐에서 익혀 껍질을 벗긴 다음 버터를 바른 뒤 향료를 양고기에 덮어서 철판·풍로에 색깔을 내어 조리하는 것이다.

Raclette(라클렛)

삶은 감자에 녹인 치즈로 맛을 낸 스위스 요리이다.

Ragout(라구 : Stew, Fricot)

진하게 풍미 있는, 진하게 양념한 고기조림. 이것은 영어의 스튜인데 쇠고기를 물에 데친 것으로 일반에 잘 알려져 있다.

Rare(레어)

육류를 요리할 때 색상과 촉감으로써 그 익은 정도를 나타내는 용어의 하나로서 완전 날고기를 따뜻하게 데운 정도를 표시하는 용어이다.

Ravigote(라비고트)

찬 소스로서 계란 · 오이 · 식초 또는 마요네즈로 만든 것이다.

Rechaud(레차우드 : Warming Stand)

요리된 음식이 식지 않게 냄비나 접시를 올려놓은 뜨거운 쇠판 또는 데우는 기구이다.

Recommend(레커멘드)

호텔 레스토랑에서 주문을 받을 때 고객에게 레스토랑 메뉴를 추천하는 것을 말한다.

Reception Desk(리셉션 데스크)

일반적으로 고급 레스토랑의 입구에 놓여 있는 단이 높은 책상으로서 주로 접객수장이나 리셉셔니스트가 고객의 예약을 받거나 식당에 오는 예약손님의 안내를 위해서 예약장부 · 전화기 · 고객명부 등을 비치하여 놓고 사용하고 있다.

Refreshment Center(리프레시먼트 센터)

미니바(mini bar)에서 사용한 것들을 새로운 것으로 계속 바꾸어 주는 등 미니바를 관리하는 것을 말한다.

Refreshment Stand(경양식, 가벼운 음식)

주로 경식사를 미리 준비하여 진열해놓고 고객의 요구대로 판매하며 고객은 즉석에서 구매해 사서 먹을 수 있는 식당이다. 다시 말해서 우리나라 고속도로 휴게실에 간단한 식사를 준비하여놓고 바쁜 고객들이 서서 시간 내에 먹고 갈 수 있도록 되어 있는 식당이다.

Refrigerated Storage(냉장창고)

과일, 야채, 난류, 가공식품, 제과, 유제품, 신선한 육류, 신선한 가금류, 생선과 어패류 등을 보관하기 위한 곳으로 아이템별로 각각 분류하여 보관하는 것이 이상적이다.

Regular Sandwich(레귤러 샌드위치)

식사대용, 간식용 또는 야외용으로 먹을 수 있는 순수한 샌드위치를 말한다.

Relief Cook(릴리프 쿡 : Chef Tournant)

주방 조리사들 중에서 와병·비번, 혹은 휴가로 결원이 생겼을 때 그 사람의 업무를 대행하는 경험 있는 조리원으로 세프투르낭이라고도 말한다.

Relish(레리시)

각종 야채들이 이에 속한다. 주스와 같이 가니시(garnish)로서 서브된다.

Restaurant(레스토랑)

레스토랑은 정식의 식사와 서비스가 수반된 호텔의 메인 식당으로서 식당 내에 식탁과 의자가 설비되고 테이블 세팅이 된 식당이다. 웨이터와 웨이트리스가 음식을 서브하며 고급 요리와 정중한 서비스가 수반된다.

Restaurant Manager(레스토랑 지배인)

레스토랑의 식음료 캡틴이나 웨이터, 웨이트리스 등을 지휘·감독하고 또한 레스토랑 전체의 서비스, 종사원의 근무 태도, 스케줄, 교육, 인사 및 고용 등을 관리 감독하는 사람이다.

Return Check(리턴 체크)

식당 경영상의 엄격한 전표통제를 위하여 사용하는 제도로서 한 번 쓰여진 전표는 재이용될 수 없도록 하는 것이다.

Rib Steak(갈비등심 스테이크 : Prime Rib)

소 등 쪽에 있는 부위로서 두터우며 지방이 많다.

Rissolette(리솔레트)

다진 고기로 구운 빵 혹은 고기만두를 말한다.

Roast Beef(로스트비프)

쇠고기를 요리한 음식 중의 하나로 크게 자른 쇠고기 덩어리를 소금으로만 양념을 하여 석쇠나 팬에 구운 것을 말한다. 이렇게 구운 후 여러 가지 소스를 뿌리거나 찍어서 야채 등과 함께 먹는다.

Roll(롤)

빵의 무게가 60g 이하인 것을 말하며 저먼 하드 롤(german hard roll), 소프트 롤, 블랙퍼스트 롤 등이 있다.

Roll Cake(롤 케이크)

롤 케이크는 양과자의 기본적인 품목으로 만드는 법은 케이크와 동일하여 기포상태에 따라 등급을 나눈다. 이 케이크는 필링을 채워 말아서 다시 윗면에 장식하는 등 다양한 대중 제품이다.

Room Service(룸서비스)

호텔객실에서 고객의 요청으로 음료·식사 등을 보내주는 종사원 또는 호텔의 객실에서 하는 식사 서비스로 보통 메뉴요금보다 10~15% 정도 높은 요금으로 되어 있다.

Ruban(루반)

야채를 리본 모양으로 자르는 방법이다.

Runner(러너 : Helper)

저장실에서 식음료를 식당에 운반하는 사람을 말한다.

Rush Periods(러시 피리어드)

일반적으로 다른 시간대보다 많은 고객들이 밀어닥치는 때를 가리킨다. 예를 들면, 레스토랑에서는 점심시간이자 저녁 시간이 된다.

Rush(러스크)

살짝 구운 빵이나 비스킷을 말한다.

Russian Service(러시안 서비스)

러시안 서비스는 가끔 프렌치 서비스(french service)와 혼동되기도 하지만, 호텔이나 고급 레스토랑에서 폭넓게 사용되는 서비스 형태이다. 러시안 서비스는 음식이 주방에서 준비되고 요리사에 의해 은쟁반에 올려지면, 웨이터가 고객에게 서비스한다. 러시안 서비스는 연회행사에 많이 이용되는 형태로 일정한 시간에 많은 인원을 서비스할 수 있다.

Saint-Marcellin(생 마르슬랭)

프랑스산 연질 치즈로 지방함량은 50% 정도이다.

Salad(샐러드 : Vegetable)

샐러드의 의미는 여러 가지 종류의 야채와 과실 · 생선 · 육류 · 조류 등을 주재료로 하여 여러 가지 특성의 드레싱과 함께 제공되기도 한다.

Salami(살라미)

돼지고기나 쇠고기를 원료로 레드 와인과 진한 양념을 넣어 만든 이탈리아식 훈제 소시지의 일종이다.

Salmon(연어)

산란기는 10~12월이고 강 상류에 산란한다. 산란 전에는 살이 붉고 중량감이 있으며 산란 후에는 중량감이 줄어든다. 수컷보다 암컷이 좋다.

Salmon Caviar(살몽 캐비아)

태평양 연안에서 잡히는 연어알을 말한다.

Salpicon(살피콩)

야채를 네모반듯하게 자르는 방법이다.

Salsa(살사)

이탈리아어로 소스(sauce)라는 뜻이다.

Salt and Pepper(솔트 앤드 페퍼)

식염과 후추를 말한다. 식당에서는 보통 이것을 용기에 담아 테이블 중앙에 놓기 때문에 센터 피스(center piece), 혹은 솔트 앤 페퍼 셰이커(salt & pepper shaker), 캐스터 세트라고 한다.

Sauce(소스)

소스는 라틴어의 Sal(소금)에서 나온 것으로 이는 소금을 기본으로 하여 만들어졌다는 데서 유래되었다고 한다. 소스는 크게 뜨거운 소스와 찬 소스로 나누어진다.

Sauce Boat(소스 보트)

테이블 서비스(table service)를 할 때 음식과 함께 나가는 소스를 담는 보트 모양의 용기이다.

Saucer[소서(받침접시) : Underliner]

볼(bowl)이나 컵(cup) 및 핑거볼(finger bowl) 등을 받치는 접시이다.

Sausage(소시지)

곱게 다진 고기에 양념과 야채를 섞어 송아지 · 돼지 등의 창자 속에 넣고 삶아서 만든 음식을 말한다.

Saulte(소테)

표면이 연한 육류의 간이나 내장 또는 야채를 약한 불에서 뜨겁게 달구어진 팬(pan)에서 급히 익혀내는 방법으로 고기나 야채의 표면 조직을 익혀 내부의 영양분이 밖으로 흘러나오지 않도록 하는 방법이다.

Scaling(스케일링)

계량작업을 말한다.

Scrambled Eggs(스크램블 에그)

프라이팬에 버터를 치고 계란을 깨어 익는 대로 잘 휘저으면서 볶는 것이다. 물론 우유 · 소금 · 후추 및 기타 조미료도 가미한다.

Sea Cucumber(해삼)

해삼류에 속하는 극피동물. 몸길이는 40cm가량, 몸은 보통 밤색과 갈색이 서로 엇갈리어 얼룩얼룩한 무늬를 이룬다. 입 둘레에는 많은 촉수가 있고, 무르고 연한 외피 속에는 자디

잔 골편이 있다. 살은 식용하는 데 맛이 좋고 영양가도 좋다.

Seasonal Menu(계절별 메뉴)

1년 중 계절의 과일·채소·특산물 재료를 가지고 만드는 메뉴 구성을 말한다.

Seasoned(시즌드 : 조미한)

고객의 식성에 맞게 양념과 조미료를 넣어 맛을 맞춘 음식을 말한다.

Seasoning(시즈닝)

양념하기. 조미(調味)를 말한다.

Seat No.(시트 넘버)

영업장 테이블(restaurant table)의 좌석번호로 서비스에 만전을 기하기 위해 편리하게 정한다.

Second Cook(요리사)

요리장을 보조하고 일반 요리지도와 요리 준비상황을 확인하고 주방의 모든 업무를 확인 조사 후 보고하는 것이 주요 임무이다.

Self Service(셀프서비스)

호텔에서의 연회 서비스와 뷔페식당의 서비스 방식 또는 단체고객의 아침식사 및 브런치(brunch) 스타일로 각자 자기가 좋아하는 음식을 가져다 먹는 식이며, 만들어놓은 음식을 직접 가져다 먹기 때문에 신속한 식사를 할 수 있으며 호텔 측은 인건비를 절감해서 음식요금을 저렴하게 하는 것이 특징이다.

Senior Bartender(시니어 바텐더 : Head Bartender)

바(bar) 영업장에 종사하고 있는 여러 종사원, 즉 바텐더, 바보이(bar boy)를 지휘 · 지도 · 감독할 임무를 띠고 있으며, 아울러 칵테일 조주법도 능통해야 하고, 가격조정과 원가계산도 할 수 있어야 하는 동시에 월말 재고조사도 할 수 있는 상급 바텐더를 말한다.

Servery(서버리)

식당영업을 위한 식기실 혹은 상 차리는 방을 말한다.

Service Plate(서비스 플레이트 : Show Plate)

서비스 플레이트는 주요리 접시(entree plate)와 같은 크기의 접시로서 일종의 장식용 접시라고 할 수 있다. 그러므로 은(silver)이나 놋쇠 등 고급재료를 사용하여 만들며 그 모양이나 디자인이 호화스럽게 제작된다.

Service Sequence(서비스 순서)

음식 서비스(food service) 순서를 말한다.

Service Spoon and Fork(서비스 스푼 앤드 포크)

일반적인 디너 스푼이나 포크보다 크며, 접객원들이 음식을 덜어내거나 서브할 때 사용하는 스푼과 포크를 말한다.

Service Station(서비스 스테이션 : Side Board Set-Up)

영업을 위해 사전 준비물을 갖추어놓은 테이블이다.

Service Towel(서비스 타월)

식당 접객원들이 사용하는 팔에 걸치는 수건으로 암 타월(arm towel)이라고도 한다. 또는 뜨거운 접시나 기물 등을 받쳐 들 때, 음식을 엎질렀을 때 등에 사용하는 위생수건으로 본래의 용도로만 사용하여야 한다.

Set-up(세트업)

정식식당에서 혹은 일반식당에서 메뉴의 코스에 따라 혹은 고객이 주문한 음식의 순서에 따라 실버웨어를 손님이 사용하기 편리하도록 식탁 위에 나열하는 것을 말한다. 일반적으로 기본 세트업만 해놓았다가 주문에 따라서 추가하기도 하고 치우기도 한다. 이럴 경우 테이블 세팅(table setting)이라고 한다.

Shaved Ice(세이브 아이스)

가루 얼음, 간 얼음, 즉 빙수용 얼음으로 쓰이는 가루 얼음을 말한다.

Sherbet(셔벗)

과즙 · 설탕 · 물 · 술 · 계란흰자 등을 사용하여 만드는 저칼로리 식품으로 시원하고 산뜻하여 생선요리 다음에 제공하거나 후식으로 제공하는데 이는 소화를 돕고 입맛을 상쾌하게 해주기 때문이다.

Short Bread(쇼트 브레드)

부서지기 쉬운 카스텔라식의 과자. 즉 버터 · 설탕 · 밀가루로 만든다.

Short Cake(쇼트 케이크)

과일 따위를 카스텔라 사이에 끼우고 크림을 얹은 양과자이다.

Shot Glass(쇼트 글라스 : 작은 유리잔)

특정한 글라스의 일종인데 글라스의 내부에 눈금이 새겨진 것과 눈금이 없는 것이 있다. 눈금이 새겨져 있지 않은 경우는 글라스의 가장자리를 기준으로 하여 양을 측정한다.

Shrimp(새우)

긴 꼬리 갑각류에 속하는 작은 갑각류이다. 긴 촉각과 10개의 발을 가지고 있으나 집게발은 없다. 육질은 희고, 고기는 맛이 있으나 상하기 쉬우므로 신선한 새우는 근해에서 잡으면 잡는 대로 배 안에서 삶게 된다.

Side Board / Tholleys(사이드보드/트롤리)

레스토랑이나 커피숍 등에 비치되어 있는 것으로 고객에게 음식 및 음료를 보다 원활하고 신속하게 서비스하기 위해 기물 및 사전 준비물을 잘 갖추어놓은 보조 테이블이다.

Side Chair(사이드 체어)

호텔 레스토랑 등에 놓는 팔걸이가 없는 작은 의자를 말한다.

Side Dish(사이드 디시)

주요리에 곁들여 내는 요리이다.

Side Order(사이드 오더)

코스 이외 요리의 추가 주문을 말한다.

Side Work(사이드 워크)

레스토랑이 영업을 개시하기 전에 테이블 정렬, 세팅(setting) 및 청결유지를 하며 레스토랑 오픈 후에는 구역 내에서의 소금 · 설탕 · 후추 등을 보충하여 레스토랑 고객에게 공급하는 업무를 말한다.

Silverware(실버웨어)

식당기물 중에서 은으로 도금이 되어 있는 식기류를 말한다. 플랫 웨어(flat ware)류를 도금한 것이 대부분이다.

Simmering(시머링)

온도 섭씨 85°의 약한 불에 부글부글 끓이는 것을 말한다.

Simple Salad(순수 샐러드)

고전적인 순수 샐러드는 한 가지의 야채만으로 만들어졌으나, 현재는 순수 샐러드라 할지라도 단순하게 한 종류의 야채보다는 여러 가지 야채를 적당히 배합하여 영양·색·맛 등이 서로 조화되도록 변화·발전하였으며, 각종 향료나 향료류는 드레싱에 가미되어 곁들여진다.

Single Service(싱글 서비스)

일회용 서비스로 한 번 사용하고 버리는 종이나 냅킨 등을 말한다.

Sippet(시피트)

수프에 넣거나 다진 고기에 곁들이는 굽거나 프라이한 빵조각을 말한다. 대표적인 것으로 멜바 토스트를 들 수 있다.

Sirloin(등심)

쇠고기의 등 쪽으로 안심과 갈비 부위 근처에 있는 부위로 영국의 찰스Ⅱ세가 즐겨먹던 고기로서, 이 스테이크는 남작의 작위를 받을 만큼 훌륭하다 하여 Loin에다 Sir를 붙여 설로인(sirloin)이 되었다.

Slice(슬라이스)

레몬이나 오렌지의 껍질을 얇게 자르는 것을 말한다.

Smoked(스모크)

연한 생선을 주로 조리할 때 많이 쓰이는 훈제 조리방법으로서 연어·장어·송어 등의 종류가 해당된다.

Smorgasbord(스모가스보드)

스모가스보드는 스칸디나비아에서 전래된 것으로 뷔페의 어원이며, 스모르(smor)는 버터(butter)를 의미하고, 가스(gas)는 구스(goos), 즉 거위, 다시 말하면 가금류를 의미하고, 보드(bord)는 보드(board)를 말하는 것으로 식탁 위에 가금류 종류를 로스트(roast)하여 각종 곁들인 요리·빵·버터 등을 함께 진열하고 먹고 싶은 대로 먹을 수 있게 하는 것을 말한다.

Snack(스낵)

간단한 식사. 경식사를 말한다.

Snack Bar(스낵 바)

일반적으로 서서 식사를 하는 간이식당을 말하며, 주로 카운트 서비스(count service)와 셀프서비스 형식으로 제공된다.

Sneeze Guard(스니즈 가드)

뷔페용 테이블 같은 음식물 주변을 기침이나 재채기로부터 음식물을 보호하는 유리나 보호 플라스틱 막을 말한다.

Snifter(스니프터)

브랜디용 글라스로서 튤립 꽃 모양으로서 끝 부분이 오므라든 얄팍한 글라스이며 또는 윗부분이 좁은 서양 배 모양의 기둥이 있는 글라스이다.

Souffle(수플레)

계란의 흰자위에 우유를 섞어 거품을 일게 하여 구워 만든 디저트용 음식이다.

Soup(수프 : Potage)

수프를 정의하면 "수프는 고기뼈나 고기조각을 야채와 향료를 섞어서 끓여낸 국물, 즉 스톡을 기본으로 하여 각종 재료를 넣어 만들어진 것" 이다. 수프는 본격 요리의 첫 번째 코스로서 위에 부담을 적게 주며 영양가가 많은 요리가 되어야 한다.

Soup Stock(수프 스톡)

고기뼈나 생선의 지느러미, 닭다리, 날개 등 즉시 가용할 수 없는 재료에 야채와 향신료 등을 넣어서 끓여낸 국물이다.

Soup Tureen(수프 그릇)

연회행사 및 식당에서 여러 사람의 수프를 담아서 제공하는 그릇을 말한다.

Sour(사워)

신맛이 난다는 뜻으로 셰이커에 얼음과 함께 넣고 흔든 후 글라스에 따른 후 레몬 조각과 체리로 장식하는 음료, 즉 산성음료를 말한다.

Sour Cream(사워크림)

스테이크에 같이 나오는 베이크트 포테이토(baked potato)와 함께 먹는 양념으로 물, 기름, 콘 시럽(corn syrup), 젤라틴, 소금, 젖산, 색소 등을 넣어 만든 소스이다.

Sous-Chef(수셰프 : Assistant Chef)

직속상관은 부총주방장이나 총주방장이며, 그의 주된 임무는 자기가 담당하는 서너 개의 주방에 대해서 조리작업을 직접 지휘·감독한다.

Soy Sauce(소이 소스 : 간장)

콩의 추출물과 설탕·소금·향료를 섞어 만들어진 액체 형태의 소스이다. 이것은 주로 일식과 한식요리에 사용된다.

Spaghetti(스파게티)

이탈리아 음식에서 지름 0.3mm 이하의 가장 대표적인 롱 파스타(long pasta)이다.

Spanish Restaurant(스페인 식당)

스페인은 주위가 바다로 둘러싸여 해산물이 풍부하므로 생선요리가 유명하다. 또한 스페인 요리는 올리브유·포도주·마늘·파프리카·사프란 등의 향신료를 많이 쓰는 것이 특색이다. 특히 왕새우 요리는 세계적으로 유명하다.

Special Menu(스페셜 메뉴)

이것은 특별히 지정되거나 미리 예약된 메뉴에 의해서만 짜여진 특별한 메뉴이다.

Spices(향신료)

향신료란 요리하는 데 있어서 특유한 향기, 맛과 색깔을 내는 데 매우 중요한 재료이다. 이것은 요리에 있어서 극적인 효과를 낸다.

Split Shift System(스플릿 시프트 시스템)

호텔식당 경영상에 있어서 근무조의 시간을 연속이 아닌 두 개로 쪼개어 근무시키는 시스템이다. 이를테면, 오전 10시부터 3시까지 근무하게 하고, 식당문을 닫았다가 오후 6시에 다시 열어서 10시까지 근무시키는 시스템이다.

Staff Canteen(스태프 캔틴 : 직원식당)

종사원식당이며 대개 셀프서비스 식당으로 운영된다.

Station(스테이션 : Section Area)

종사원에게 주어진 서비스 구역, 즉 호텔 업장에서 고객에게 서비스하기 편리하도록 하나의 서비스 구역 그 자체를 말한다.

Steak(스테이크)

스테이크란 두껍게 자른 고기 덩어리를 구어낸 것을 말한다.

Steamed(스팀)

식품을 스티머(steamer)에 넣고 식품을 수증기의 압력으로 조리하는 방법이다.

Steward(기물관리)

호텔 레스토랑 주방과 식당 홀에서 사용되는 기물 · 접시 · 글라스 등을 세척하여 즉시 사용할 수 있도록 보관 · 관리하고, 주방바닥 · 벽 · 기기 등을 청소하여 주방 내의 청결을 유지한다.

Stillroom(스틸룸)

이곳에서는 간단한 스낵 종류나 음료·차·커피·빵·버터·주스류·샐러드·치즈·과자류·과일·샌드위치·아이스크림 등을 준비하고 호텔의 룸서비스와 커피숍에서 주로 사용하며 24시간 사용한다.

Stirring(스티어링 : 휘젓기)

칵테일 제조방법의 하나로 유리제품인 믹싱 글라스(mixing glass)에 얼음과 술을 넣고, 바 스푼으로 재빨리 조제하는 방법이다.

Stock(스톡 : Fond)

수프를 만들어내는 기본적인 국물로서 고기뼈·야채·고기조각 등을 향료와 섞어 끓여낸 국물을 말한다. 또한 모든 소스의 기본으로 쓰이는 재료이다.

Sunny Side-up(서니 사이드업)

팬 프라이드한 계란요리의 일종으로 뒤집지 않고 한쪽 면만 살짝 익힌 모양. 해가 뜨는 모양 같아서 붙여진 이름이다.

Supper(서퍼)

격식 높은 정식만찬을 의미하였으나 근래에 와서는 그 양상이 변하여 저녁 늦게 먹는 밤참을 말한다.

Sweet Roll(스위트 롤)

미국의 단과자 빵류로서 여러 종류의 충전물과 모양에 따라서 제품이 다양하게 만들어지며 제품의 모양에 따라서 그 이름 또한 달리 불린다.

Syrup(시럽)

프랑스어로 시롭(sirop), 영어로 시럽(syrup)이라고 하며 사탕과 물을 넣어 끓여 여기에 당밀이나 여러 가지 과즙을 넣어 맛을 내게 한 것이다.

T-Bone Steak(티본 스테이크)

소의 안심과 등심 사이에 T자형의 뼈 부분에 있는 것이라 붙여진 이름이다.

Table Cloth(테이블클로스)

테이블클로스는 반드시 백색 리넨을 사용하는 것이 원칙이지만, 근래에는 여러 가지 유형으로 무늬가 다양한 리넨 종류를 사용하는 경향이 많아졌으며, 때로는 유색 리넨과 유색 화학 섬유도 많이 사용한다.

Table d'hote(정식차림표)

요리의 종류와 순서가 미리 결정되어 있는 차림표를 가리켜 정식이라고 말하며, Appetizer – Soup – Fish – Entree – Salad – Dessert – Beverage 순으로 서비스된다.

Table Manner(테이블 매너)

식사 시에 자기 이외의 다른 사람들에게 불쾌한 감정이나 느낌을 주지 않기 위하여 식사 시에 지켜야 될 예의와 범절로서 공식적인 연회는 물론 그 밖의 격식을 갖춘 식사 시에 타인들에게 실례가 되지 않도록 하여 즐거운 식사를 하는데 목적이 있다.

Table Service(식탁 서비스)

테이블 서비스는 가장 전형적이고 오래전부터 유래되어온 서비스 형태로 이것은 웨이터나 웨이트리스로부터 서비스를 제공받는 것이다. 테이블 서비스는 대개의 경우 손님의 오른쪽에서 식사를 서브하고, 손님의 오른쪽으로부터 빈 그릇을 치우는 것이 상식이다.

Table Skirt(테이블 스커트)

Hor d'oeuver(오르되브르) 테이블이나 뷔페 테이블 옆 부분에 보이지 않도록 혹은 장식으로 둘러치는 식탁용 치마로 색깔이 아름다운 주름치마를 많이 사용한다.

Table Turn-over Rate(객석 회전율)

한 개의 좌석당 하루 몇 명의 고객이 앉는가를 의미하며 미국이나 유럽의 호텔 레스토랑에서는 좌석당 고객수를 산출할 뿐 아니라 좌석당 매출을 분석한다.

Take-out Menu(테이크아웃 메뉴 : Carry-out Menu)

고객이 레스토랑에서 음식을 주문하여 레스토랑 외부로 음식을 가지고 나가는 메뉴 종류이다.

Tangerine(탠저린)

오렌지와 비슷하나 크기는 좀 작고 껍질이 유연하다. 일명 감귤이라 한다.

Tangilble Product(물적인 상품, 유형의 서비스)

호텔에서 제공하는 서비스는 호텔객실 및 그 외 부대시설 그리고 건물 자체를 포함하는 상품, 즉 눈에 보이는 만질 수 있는 상품을 제공하는 물적인 상품의 서비스를 말한다.

Tartar Sauce(타르타르 소스)

이 소스는 생선요리에 가장 많이 사용되는 소스이다.

Tea Table(티 테이블)

객실 내에 있는 가구로서 의자 중간에 놓는 간단한 테이블이다.

Tenderloin(안심)

쇠고기 부위 중 가장 인기가 높으며 안심은 소 한 마리에 2개씩 있고 평균 4~5kg 정도이다. 안심구분은 5가지와 6가지로 분류한다.

① Head, Beef Teck
② Chateaubriand(샤토브리앙)
③ Filet(필레)
④ Tournedos(트루느도스)
⑤ Filet Mignon(필레 미뇽)
⑥ Filet Goulash(filet tip)

Tiffin(티핀)

영국에서 간단한 점심식사를 말한다.

Tip-one(삽입카드 : Clip-ons)

이것은 메뉴카드에 덧붙이거나 삽입하는 조그마한 카드로서 가끔 남는 재료로 만든 특별품목을 선전판매하기 위하여 짧은 시간 사용되나, 그 품목이 다 팔리면 즉시 제거되어야 할 것이며 때로는 매진된 품목을 가리는 데 사용되기도 한다.

Toast(토스트)

식빵을 1cm 정도의 두께로 잘라 살짝 구운 것. 버터나 잼 같은 것을 발라먹는다.

Toasting(토스팅)

음식 표면이 갈색으로 변할 때까지 열을 가한다.

Today's Special(오늘의 요리)

오늘의 특별요리, 즉 그날의 별식의 의미로서 각 호텔 레스토랑이나 음식점에서 손님을 끌기 위해 특별한 요리를 그날그날 지정해서 판매하는 경우에 쓰는 용어이다.

Tomato Catchup(토마토 캐첩)

토마토 · 식초 · 소금 · 양파 · 파우더 · 향초 등을 재료로 하여 만들어진다.

Tomato Sauce(토마토소스)

토마토소스는 적색 소스로서 주로 이탈리아 요리에 사용하며 밀가루 음식에 많이 쓰인다.

Tourist Menu(투어리스트 메뉴)

이름난 관광지를 찾아오는 고객을 위하여 그 지방·지역의 독특한 요리를 맛볼 수 있게 하기 위한 메뉴이다.

Tournedos(투르느도스)

작고 둥글게 저민 살코기 스테이크 필레의 끝을 잘라서 버터를 바르고 베이컨을 감아서 조리한다.

Tranche(트란슈)

크기·모양·길이 등을 똑같이 한 조각으로 자르는 방법이다.

Tray(트레이)

음식을 담은 접시 종류나 빈 접시 종류, 기타 서비스에 필요한 물건들을 안전하게 운반하기 위하여 사용되는 것을 말한다.

Tray Service(트레이 서비스)

플레이트에 담은 요리를 트레이에 실어서 운반하고, 테이블 옆에 있는 서비스 테이블 위로 옮겨놓는다. 그리고 요리를 담은 접시를 손님의 왼쪽에서 서비스한다. 이 트레이에 의한 서비스는 다른 서비스 방식에 비하여 간단하기 때문에 합리성을 중시하는 미국에서는 널리 이 방법을 채택하고 있다.

Trolley(트롤리)

레스토랑에서 음식을 운반할 때 쓰는 바퀴 달린 왜건이다.

서빙 트롤리

Tumbler(텀블러 : Highball Glass)

손잡이가 달리지 않은 글라스를 말한다.

Tuna(참치)

고등어과의 육식성 물고기. 최대 무게 500kg으로 불그스레한 색의 살은 맛이 뛰어나다. 송아지 고기나 어린 소의 조리 방식으로 조리한다.

Tureen(튜린)

수프 따위를 담는 뚜껑이 달린 움푹한 그릇이다.

Turnde Over(턴드 오버)

프라이드 에그(fried egg)의 요리방법 중의 하나로써 오버 이지(over easy), 오버 미디엄(over midium), 오버 하드(over hard) 등이 있다.

Turnip(순무)

겨자과에 속하는 2년생 풀로 무의 하나이며 뿌리는 퉁퉁하고 둥글거나 길고 물이 많다. 잎과 뿌리는 중요한 채소가 되는데, 특히 비타민을 많이 포함하고 있다.

Under Cloth(언더클로스)

언더클로스는 보통 펠트(felt : 털로 다져서 만든 천), 플란넬(flannel : 면) 또는 얇은 스펀지로 만들어지며 그릇 놓는 소리를 막기 위하여 깐다 하여 사일런스 클로스(silence cloth) 또는 테이블 패드(table pad)라고도 부른다.

Under Heat(언더 히트)

팬이나 트레이(tray)에 스테이크나 찹스(chops)를 담아서 굽거나 버섯요리 · 토마토 · 베이컨류를 조리하는 방법을 말한다.

Utensil(유텐실)

주방 및 바(bar)에서 사용되는 기물의 총칭이다.

Vaccum Cooking(진공포장 요리)

양 목표에 의하여 모든 양념과 식재료에 간을 맞추어 요리별로 진공 포장하여 손님이 원하는 시간에 포칭(poaching)하거나 전자렌지에 넣었다가 서브하는 방법. 요리를 완성해서 진공 포장하여 손님이 원할 때 워밍(warming)해주는 방법이다.

Veal(송아지 고기 : Veau)

어미소의 젖으로만 기른 3개월 미만의 송아지 고기를 말하며, 적은 지방층과 많은 양의 수분을 갖고 있어 연한 맛이 있다. 송아지 고기 요리에는 스캘러피니(scaloppine), 송아지 커틀릿(veal cutlet)이 있다.

Veal Cutlet(송아지 커틀릿)

뼈를 제거한 송아지 고기를 얇게 저며서 소금 · 후추를 뿌리고 밀가루를 칠한 후 계란 · 빵가루를 입힌 다음 버터에 소테하여 빌 소스(veal sauce)와 함께 제공한다.

Vecchio(베치오)

2년간 숙성시킨 파르마 치즈(Parmesan cheese)를 말한다.

Vegetable Stock(베지터블 스톡 : Fond de Legumes)

양파와 대파를 먼저 기름으로 볶은 후 양파 · 셀러리 · 토마토 · 마늘 · 월계수잎 · 소금 · 향료 등을 혼합하여 다시 볶아서 찬물을 붓고 1시간 정도 끓여서 천으로 걸러낸 국물이다.

Vienna Breakfast(비엔나식 조식)

계란요리와 롤(rolls) 정도로 커피와 같이 먹는 식사를 말한다. 이때 커피 $\frac{1}{2}$에 밀크를 $\frac{1}{2}$ 정도 타서 먹는데 이것을 멜란지(melange)라 한다.

Vinaigrette Dressing(비네그레트 드레싱)

오일과 식초에 삶은 계란과 케이퍼(caper)향, 양파, 파슬리(parsley) 등을 넣어서 만든 드레싱이다. 영어의 비네거 드레싱(vinegar dressing)과 같다.

Vinegar(비네거 : 식초)

조미료의 일종으로 4%가량의 초산이 들어 있는, 시고 약간 단맛을 가진 액체로 양조초와 합성초가 있는데 양조초가 맛이 좋다.

Wafer Paper(와퍼 페이퍼)

먹는 종이를 말한다.

Waffle(와플)

덴마크 음식의 일종으로 밀가루와 버터 · 설탕 · 계란 · 이스트 · 우유 · 소금 · 바닐라향 등을 반죽하여 틀에 넣어 구워내는 케이크 종류이다. 꿀이나 시럽 · 버터를 발라 먹는다.

Wagon Service(왜건 서비스 : Cart Service)

간단한 조리기구와 준비한 재료를 왜건에 싣고 손님 앞에서 요리를 서비스하는 고급스러운 테이블 서비스인데, 손님이 보는 앞에서 플레이밍(flaming : 불을 피운다는 뜻)을 하거나 커빙(carving : 고기 등을 자른다는 뜻)을 한다.

Waiter/Waitress(웨이터/웨이트리스 : Commise de Rang)

이들의 업무는 호텔에 따라 좌우되나 일반적인 업무는 고객에 대한 서브(serve) 및 정리정돈, 영업준비, 고객접근 방법의 습득, 식음료를 주문받기 위한 사전지식 숙지 등을 수행한다.

Waiter Knife(웨이터 나이프)

종사원이 식당 서비스를 할 때 휴대하는 기물로서 주로 와인(wine)의 뚜껑을 오픈(open)할 때 코르크(cork)와 병목을 싼 납종이를 오려내는 데 사용하는 칼이다.

Waldorf Salad(월도프 샐러드)

사과 · 셀러리 · 호두 등 과일을 주로 사용하여 만드는 샐러드를 말한다.

Warm Plate(웜 플레이트 : Warming Stand, Rechaud)

프렌치 레스토랑과 같은 고급식당에서 음식이 담긴 요리접시 따위를 식지 않도록 밑에 받쳐 놓은 뜨거운 철판을 말한다.

Wash(워시)

제품을 굽기 전에 계란 · 우유 · 물을 바르거나 구운 후 그레이즈한다는 뜻이다.

Wastage(소요량)

호텔 레스토랑(hotel restaurant) 사업에 있어서 식음료 저장에서의 소모량(wastage in stores)과 조리 준비과정 또한 요리과정에서 생기는 불가피한 일정한 식음료의 소모량을 말한다.

Well-done(웰던)

스테이크를 구울 때 속까지 완전히 잘 익히는 것이다.

Wheat Cake(밀가루로 만든 아침 케이크)

양조식에는 아침에 주방에서 즉석으로 굽는 케이크 종류가 많이 있다. 위트 케이크(wheat cake)류를 서비스할 때에는 버터와 꿀(honey) 또는 메이플 시럽(maple syrup : 단풍 시럽)을 곁들여 제공한다.

Whipping(휘핑 : 거품일구기)

빠른 동작으로 공기를 넣음으로써 비팅(beating : 두들기는 것)하여 부풀게 하는 것이다.

Whipping Cream(휘핑크림)

평균 36%의 유지방이 든, 거품 일구기 좋은 크림이다.

White Fish(화이트 피시)

연어과에 속하며, 호수에 서식한다. 작고 두꺼운 지느러미와 꼬리의 끝을 가지고 식별할 수 있다. 육질은 건조시킨 것이 살이 희고 맛이 있다.

White Meat(화이트 미트)

소스의 사용을 구별하기 위하여 미트를 구분한 것으로 송아지 · 새끼양 · 새끼염소 · 새끼돼지 · 토끼돼지 · 계란 등과 흰 생선, 가금류의 복부고기가 화이트 미트에 속한다. 대개 연한 고기로서 노년층이나 어린이들에게 인기가 있다.

White Sauce(화이트소스)

흰색 육수 소스로 대표적인 것으로는 베사멜 소스(bechamel sauce)가 있다.

White Stock(화이트 스톡 : Fond Blanc)

소뼈(기름기가 없는 무릎뼈)나 송아지뼈에 야채, 즉 파슬리 줄기, 양파, 셀러리, 당근, 부추 등에 월계수잎, 약미초 다발, 향초 등의 향료를 넣고 소금과 통후추를 가미하여 찬물에 넣어 서서히 3~4시간 정도를 끓여 위로 뜬 찌꺼기를 걷어내고 걸러낸 국물이다.

Whiting(명태)

대구과의 일종으로 지방이 적으며 살점은 부드럽고 조각살로 구성되어 부스러지기 쉽다.

Wild Boar(멧돼지)

어린 멧돼지의 등과 다리고기는 식도락가들에게 대단히 인기가 높으며, 나머지 부분은 라고(ragout) 요리로 사용된다. 일반적인 조리방법은 사슴과 같다.

Wild Duck(들오리)

여러 지역에 서식하는 들새로서, 어린 고기는 맛이 좋으나 늙은 오리는 느끼한 맛을 가지고 있다.

Worcestershire Sauce(우스터소스)

한국의 간장과 비슷한 서양의 조미료이다.

Work Station(워크스테이션)

호텔 종사원이 일하는 영업장소 개념과 음식을 생산하는 장소를 말한다.

Yeast(이스트 : 효모)

맥주의 원료로 맥아즙 속의 당분을 분쇄하고 알코올과 탄산가스를 만드는 작용을 하는 미생물이다.

Ziger(지거)

이탈리아가 원산지인 훼이 치즈(whey cheese)로 우유나 탈지유를 10% 첨가하기도 하는데 이것이 리코타 치즈(ricotta cheese)이다. 이를 독일에서는 지거라 한다.

Zuppa(주파)

이탈리아 요리로 맑은 국물을 이용하여 만든 수프이다.

Zuppa di Crema(주파 디 파나)

크림수프를 말한다.

Zuppa di Pesce(주파 디 페스체)

생선 수프를 말한다.

Zuppa di Verdura(주파 디 베르두라)

야채수프를 말한다.

02 식품 부문

Apricot(살구)

개살구나무 · 살구나무 등의 열매. 맛은 시고 달며, 살은 식용하고 씨의 알맹이는 행인(杏仁)이라 하여 약재로 쓰인다.

Asparagus(아스파라거스)

백합과에 속하는 다년생 풀로 식용종으로 유럽이나 미국 등지에서 대규모로 재배한다. 잎은 퇴화하여 비늘 모양이고 줄기는 살졌으며 가는 가지가 잎처럼 나 있다. 동부 지중해 연안 및 소아시아 원산으로 서늘한 기후에서 잘 자라며, 어린순은 서양요리에 사용된다.

Cabbage(캐비지 : 양배추)

겨자과에 속하는 2년생 채소. 결구성(結球性) 배추의 변종으로, 잎은 연한 황색 혹은 백색이며 연하여 단맛이 많다. 원산지는 유럽이나 지금은 온 세계에서 널리 재배하여 날것으로 먹거나 찌개 또는 무쳐 먹기도 하고 오랫동안 저장할 수 있어 가정요리로 애용되고 있다.

Cacao(카카오)

오이와 비슷한 모양인데 살이 찌고 익으면 등황색이나 적갈색으로 딱딱하고 두꺼운 껍질 속에서 다섯 개의 방이 있고 하나의 방에는 5~12개의 씨가 들어 있다. 이 씨를 말려 가루로 만든 것이 코코아이며, 초콜릿이나 과자의 원료가 된다.

Carrot(당근)

미나리과에 속하는 1년생 또는 2년생 풀로서 푸성귀의 일종으로 밭에서 가꾼다. 잎은 잘게 갈라진 깃 모양의 겹잎으로 뿌리에서 모여 나며 여름에 잘고 흰 꽃이 키 1m가량의 꽃줄기 가장자리에 복산형 꽃차례로 핀다. 이것은 많은 용도로 쓰이는 야채로서 다른 식품과 요리하거나 단독으로 사용하며, 날 것, 익힌 것, 어느 것이나 재고할 수 있다. 당근은 비타민 A의 풍부한 공급원이고 많은 음식에 색과 맛을 더해주며 고당분을 함유하고 있다.

Cayenne(pepper : 고추 : 향미료)

가지과에 속하는 1년생 풀. 키는 60~90cm. 가지가 많이 갈라지고, 잎은 타원형이며 끝은 뾰족하다. 다섯 갈래로 얕게 찢어진 흰 통꽃이 여름철에 핀다. 열매는 장과로서 타원형이고 짙은 녹색이나 여물면서 점차 붉어지는데 몹시 맵다. 원산지는 열대 아메리카이며, 잎은 무쳐서 나물로 먹고 열매는 빻아 주로 조미료로 사용한다.

Celeriac(셀러리아크)

유럽에서 주로 재배되는 작물로서 줄기는 셀러리와 비슷하나 셀러리는 줄기를 먹는 반면에 이것은 밑 부분을 먹는다.

Celery(셀러리)

셀러리는 독특한 맛과 향으로 매우 인기 있는 야채이다. 레리시(relish), 샐러드(salad), 생선요리에 사용된다.

Chervil(처빌)

서부아시아, 러시아, 코카서스가 원산지인 미나리과의 향초이다.

Cinnamon(시나몬 : 계피, 육계)

중국 · 인도네시아 · 인도차이나가 원산지로 잡목과 비슷하며 높이는 9m 정도이다. 가장 얇은 외피를 가진 것이 우수품종이며, 두께가 굵어질수록 상품가치가 떨어진다. 이 껍질의 향은 아카시아 나무보다 순하며 붉은색을 띠고 있다. 상쾌한 방향과 매운 맛이 도는 약간의 감미 향료이다. 우리나라에서는 계피라고 하며 옛날부터 잘 알려진 향료의 일종이다.

Cocoa(코코아)

멕시코의 'Caca'에서 온 말로, 카카오나무의 종자를 말린 가루. 음료 · 약재 · 과자로 이용한다. 단백질 · 지방 · 무기질 등을 포함하고 있어 영양가가 높으며 소화가 잘된다.

Cola(콜라)

콜라는 미국을 대표하는 음료로서 열대지방에서 재배되고 있는 콜라 열매(cola nut) 속에 있는 콜라두를 가공 처리하여 레몬 · 오렌지 · 시나몬 · 바닐라 등의 향료를 첨가하여 만든다.

Cucumber(오이)

온상과 옥외에서 구분하여 재배되며, 온상의 것은 부드럽고 길며, 옥외 것은 울퉁불퉁하고 거칠다.

Dill Pickle(딜 피클)

시라(蒔蘿)로 양념한 오이를 말한다.

Egg Plant(가지)

가지과에 속하는 1년생 풀로서 원산지인 인도에서는 다년생 풀이다.

Endive(엔다이브 : 꽃상추의 일종)

벨기에의 대표적인 샐러드 야채이며, 형태는 배추 속처럼 타원형으로 끝이 뾰족하며 순백색이다.

Fennel(페넬 : 회향풀)

길이 1.8m의 1년생 식물로 추위에 강하고 밝은 녹색의 날개 모양의 잎을 가진다. 잎은 당근과 비슷하고 씨앗은 아니스와 비슷하다. 주로 입냄새를 없애기 위해 쓰인다. 이탈리아에서는 부야베스(bouillabaisse)를 만드는 데 쓰이며 날것으로도 먹는다. 피클에 사용되며 또한 사탕 · 리큐르 · 탕수육 · 애플와인 등에 사용된다.

Fig(무화과)

무화과나무의 열매이다.

Garlic(갈릭 : 마늘)

백합과에 속하는 다년생 풀로 땅 속에 둥근 비늘줄기를 가지며 잎은 긴 선형이고, 여름에 잎 사이로부터 60~100cm의 속이 빈 원추형의 꽃줄기가 나와 그 끝에 담자색의 두상화가 핀다.

Geranium(제라늄 : 양아욱)

소니풀과에 속하는 다년생 원예 초본. 키는 30~80cm이고 잎은 종류에 따라 차이가 있으나 대개 둥근 심장 모양이고 갈색의 얼룩점이 있다. 빛깔은 흰색·자주색·붉은색 등이 있으며 남아프리카가 원산지이다.

Gherkin(게르킨)

열대 아메리카산 오이의 일종. 작고 달콤하거나 시큼한 절임 오이이다.

Ginger(진저 : 생강)

생강과에 속하는 다년생 풀로 잎은 생강과 비슷하여 버들잎 모양이며, 9월경에 잎 사이에서 꽃줄기가 나와 희고 향기 있는 큰 부정제화가 핀다.

Grapefruit(그레이프프루트 : 자몽)

자몽의 일종. 모양은 여름귤 같은데, 노란 껍질이 있다.

Hop(홉)

맥주 양조 시에 사용되는 원료이다. 홉은 맥주의 특유한 방향과 상쾌한 맛을 주고 방부보전의 성능을 가지고 있을 뿐만 아니라 맥주의 거품을 내는 구실도 하기 때문에 홉의 질과 사용법 여하에 따라 그 맥주의 질을 좌우하게 된다.

Horseradish(호스래디시 : 양고추냉이)

겨자과의 관상용 식물의 한 종류인 서양 매운냉이로 중앙 유럽과 아시아가 원산지이다. 특이한 향과 톡 쏘는 매운 맛을 가지고 있다.

Juniper(주니퍼)

이탈리아 · 체코 · 루마니아가 산지인 참나무과에 속하는 나무로서 관목 상록수이다.

Kiwi(키위)

사바나 기후 과일로 뉴질랜드 · 호주에서 재배되며 양다래라고 한다.

Kohlrabi(샐러드용 양배추)

순무와 유사한 커다란 줄기를 가진 양배추과의 야채를 의미한다.

Kumquat(쿰쿠아트 : 금귤)

올리브와 유사한 모양과 크기를 가진 감귤류. 매우 작은 오렌지를 닮았다.

Laurel(로럴 : 월계수)

월계수잎, 악취제거용으로 쓰이며 상쾌한 방향을 갖고 있다. 소스 · 수프 · 피클 · 생선 등에 사용되며, 주로 생선에 쓰인다.

Leek(리크 : 부추, 파)

양파의 한 품종으로 단 냄새가 난다. 통통하고 짧은 흰 뿌리는 맛이 달콤하고 맵다.

Legume(레귐)

야채, 채소이다.

Lemon(레몬)

운향과에 속하는 상록교목. 인도와 서부 히말라야 원산으로 아열대 각 지역에서 재배된다. 과즙은 향기가 좋고 구연산과 비타민C를 함유하여 음료나 향수 등에 널리 쓰인다.

Lettuce(래티스 : 상추, 양상추)

엉거시과에 속하는 1년생 또는 2년생 풀로 키는 약 1m이고, 뿌리잎은 크고 타원형이다. 지중해 지방이 원산으로 세계 각 지역에서 재배되고 있으며 잎은 식용으로 쓰인다.

Lima Bean[리마 콩(강낭콩의 일종)]

푸른색의 크기가 약간 큰 콩. 생선요리와 핫 베지터블스(hot vegetables)에 사용한다.

Lime(라임)

운향과에 속하는 상록 작은 교목. 열매는 둥글고 황록색이며 향기가 높고, 인도가 원산지이다. 레몬과 외형은 비슷하며 작고 맛이 시며, 색깔은 녹색이다. 주스나 셔벗을 만드는 데 사용한다.

Mace(메이스 : 육두구 껍질로 말린 향료)

인도네시아의 몰루카(Molucca)섬이 원산지인 열대상록수 너트멧(Nutmet) 나무의 꽃이나 껍질에서 얻는 것으로 너트멧보다 더 향기가 짙으며 적황색의 것이 좋다.

Majoram(마조람)

박하과 식물의 잎으로 다른 향료와 조합하여 사용되나 특히 소시지 · 수프 등에 사용된다. 주로 생선에 쓰이며 프랑스 · 칠레가 주산지이다.

Mango(망고)

옻나무과에 속하는 상록교목. 적도 근방지역에서 재배되는 과일로 녹색과 노란색, 오렌지색까지 여러 종류가 있으며 디저트로 이용된다.

Marjoram(마요라나 : 박하의 종류)

지중해 지역이 원산지인 마요라나는 단맛과 야생이 아린 맛을 내는 2종류가 있다. 영국 · 프랑스 · 독일 · 체코슬로바키아 등에서 재배되며 이 초본에 연한 장밋빛 꽃이 피면 잘라 건조시킨다.

Marshmallow(마시멜로)

전분 · 젤라틴 · 설탕 따위로 만드는 연한 과자를 말한다.

Melon(멜론 : 양참외)

참외의 한 품종으로 박과의 1년생 식물이다. 주로 유럽과 북미에서 재배하는데 영국에는 머스크멜론(muskmelon), 미국에는 캔털루프(cantaloupe), 허니 듀(honey dew) 등의 종류가 있고 살이 연하여 과일 중에 최고로 친다.

Mint[민트 : 박하(Peppermint)]

박하 잎은 그냥 또는 말려서 특수한 수프 또는 음료 · 과자 등에 사용된다. 스피어민트(spearmint : 양박하)는 유럽이 원산지로 영국과 미국 전역에서 재배되며 특이한 향과 짧은 잎사귀 · 꽃 등으로 구별된다. 작살 모양의 잎사귀를 가진 스피어민트는 향이 있고 메탄올을 함유한다.

Morel(모렐 : 식용버섯의 일종)

원추형의 갓으로 색깔은 어두운 갈색에 가까운 황토색이나 갈색이다. 4월과 5월 사이가 제철이다. 각종 소스에 이용되기도 하며 스터핑(stuffing : 계란 · 가금류 · 생선류 등의 내부에 다른 부재료를 넣어 조리하는 것)하여 사용하기도 한다. 매우 고가품이다.

Mushroom(버섯, 양송이)

담자균류에 속하는 고등균류의 총칭. 대개 우산처럼 생겼는데 홀씨로 불어나며 독이 있는 것과 없는 것이 있다. 잎파랑이가 없어 산과 들의 그늘이나 썩은 나무 따위의 습한 곳에 붙어서 생활을 한다. 송이 · 석이 · 싸리버섯 · 파리버섯 · 밤버섯 등이 있다.

Mustard(머스터드 : 겨자)

겨자과에 속하는 1~2년생풀. 키는 약 1m, 잎은 어긋맞게 나며, 무잎과 비슷하나 가장자리가 톱니 같다. 봄에 누른빛의 작은 네 잎 꽃이 핀다. 씨는 작은데 황갈색으로 맵고 향기로운 맛이 있어서 양념과 약제로 쓰이며 잎과 줄기는 식용하는 데 맛이 쓰며, 아시아가 원산지이다. 최고급용으로서는 마요네즈에 쓰이며 기타 샌드위치 · 햄 · 핫도그 등에 맛을 더해준다. 식초와 혼합하여 향미를 돋우는 수도 많다.

Nutmeg[너트메그 : 육두구(향미료)]

육두구과에 속하는 상록교목. 모루카 제도 원산으로 열대지방에서 널리 재배된다. 꽃은 누른 백색이며 꽃 덮이는 방향이 있다. 짙은 적갈색의 이 열매를 굵은 분말로 갈아서 핫 위스키(hot whisky), 에그(egg), 노그(nog), 알렉산더(alexander) 등의 위에다 뿌려서 그 높은 향을 즐긴다. 보관 시에는 반드시 건조한 곳에 보관하여야 한다.

Okra(오크라)

아욱과에 속하는 1년생 야채로 곧은 줄기에 큰 잎을 달고 5~6마디째의 잎겨드랑이에서 꽃술이 붙은 노란 꽃이 핀다. 꽃이 핀 후 7~10일 되는 어린 꼬투리를 이용하는데, 여기에는 펙틴 · 갈락탄 · 아라반 등이 들어 있으며 점질로써 수프, 스튜, 기름 볶음 등을 하며 여문 열매는 볶아서 커피 대용으로 쓰기도 한다.

Olive(올리브)

목서과에 속하는 상록교목. 키는 6~10m 가량. 황백색의 향기 있는 네 잎 꽃이 피고, 꽃이 진 뒤 거꾸로 된 알 모양의 암록색 핵과가 여문다. 소아시아 지방의 원산지로 지중해 연안, 이탈리아, 아메리카 등지에서 산출된다.

Onion(양파)

백합과에 속하는 다년생 풀. 잎은 가늘고 길며 속이 빈 원기둥 모양이다. 서양요리에 주로 사용하는 야채지만 향신료로서는 용도가 넓다. 육류요리의 고기 특유의 냄새를 없애고 맛을 더한다.

Orange(오렌지)

비타민 C가 풍부한 껍질과 함께 마멀레이드(marmalade) 등을 만들어 사용하기도 한다.

Oregano(오레가노)

박하와 비슷한 향을 갖고 있는 향신료. 멕시코 · 스페인 · 이탈리아가 주산지로, 스파게티와 미트 소스에 최적합하다. 멕시코 · 이탈리아 요리에 중요한 조미료로서 그레이비, 오믈렛, 비프스테이크 등에 사용된다.

Papaya(파파야)

파파야과에 속하는 열대 아메리카 원산의 교목. 줄기는 연하고 가지가 뻗지 않는다. 잎은 줄기 끝에 나는데, 긴 잎자루를 가지며 손바닥 모양으로 갈라진다. 다섯잎꽃이 피는데 수꽃은 황색 육질, 암꽃은 뭉쳐나고, 열매는 누른빛이며 길이 20~30cm의 타원형이다. 많은 씨가 들어 있고 방향이 있어 식용 또는 단백질 소화제와 구충제, 맥주, 간장의 청정제로 쓰인다.

Paprika(파프리카 : 단맛이 나는 고추의 일종)

피망으로 선홍색의 열매이며 이 열매는 야채 · 피클 · 샐러드 등에 이용하고 이 씨의 피막을 제거하여 말려 분쇄한 것이 파프리카다. 스페인산 파프리카는 빨간색이고 단맛을 내고 순하며 헝가리산 파프리카는 검붉은 색이며 매운 맛을 낸다.

Parsley(파슬리)

주로 서양요리의 장식용으로 다른 요리의 곁들임으로 사용되는 두 가지의 약한 향료들 중의 하나이다.

Parsnip(파스닙)

양파와 파슬리 뿌리의 교잡종으로 모양은 당근과 비슷하고 속은 부드럽고 백색이며, 가느다란 나뭇결로 되어 있다. 맛은 달고 고소하며 향료(spice)향을 가지고 있어 셀러리향과 비슷하다.

Pepper(페퍼 : 후추나무)

동남아시아가 원산지인 덩굴식물로 열매들은 길게 매달리

고, 완전히 익으면 붉은색으로 변한다. 열매는 채 익기 전에 따서 말리면 검어지는데 '후추'라 하며, 맵고 향기로운 특이한 풍미가 있어서 조미료 및 향신료 · 구풍제 · 건위제 등에 널리 이용된다.

Pepper Grass(페퍼 그라스)

다닥냉이 무리의 식물로 샐러드용 야채로 쓰인다.

Pimento(피망)

가지과에 속하는 1년생 풀로 맛이 단 고추의 하나. 열매는 타원형으로 꽈리와 비슷한데 매운 맛이 없다. 풋것은 고기 등과 함께 여러 가지로 조리해서 먹으며 붉은 것은 주로 향신료로 쓰인다.

Pineapple(파인애플)

아나니스(ananas)과에 속하는 다년생 풀의 열매로 향기가 좋으며 단백질을 소화시키는 작용이 있고 통조림에 쓰인다. 열대 아메리카 원산으로 온실에서 품종이 개량되었다.

Plum(플럼 : 서양자두)

앵두과에 속하는 낙엽 작은 교목이다.

Pomelo(자몽 : 왕귤나무류)

포멜로는 종종 중국 자몽(Chinese grapefruit)이라 불리기도 하며, 실제로 이 두 과일은 생학적으로 가깝지만, 포멜로가 더 먼저 태어났다는 것이 정설이다. 운향과에서 가장 열매가 큰 식물이며 그레이프프루트처럼 포멜로의 과육도 연노란색부터 밝은 루비색, 향미는 입이 돌아갈 정도로 떫은 것에서 딸기향이 살짝 느껴지는 달콤한 것까지 다양하다. 말랑말랑한 껍질은 그레이프프루트보다 훨씬 두껍고, 거의 과육에 닿을 정도로 깊이 칼집을 내서 벗기는 것이 좋다. 과육은 질기고 먹을 수 없는 막으로 나누어져 있는데, 이것 역시 제거해야 한다.

Poppy(포피 : 양귀비)

양귀비과에 속하는 1년생 또는 2년생 풀. 극동 아시아와 네덜란드에서 재배된다. 양귀비나무에서 얻은 것으로 열매 속에 들어 있는 씨를 쓰기 위해서 재배된다. 씨는 빵, 롤 케이크, 과자 위에 붙여 장식으로도 쓰이며, 샐러드 · 국수에도 사용한다. 미성숙한 캡슐은 우유 같은 액즙이 있으며 아편의 원료가 되기도 한다.

Pumpkin(호박 : Squash)

박과에 속하는 1년생 덩굴풀. 동인도 원산으로 오래전부터 각지에서 널리 재배한다. 열매는 '호박'이라 하며 장과 식물로서 중요하고 잎과 순을 식용한다. 어린것을 '애호박', 여물어서 잘 굳은 것을 '청둥호박'이라 한다.

Quince(마르멜로의 열매)

장미과에 속하는 낙엽 교목. 키 5~8m. 잎이 난형 또는 타원형이고 잎 가장자리에 톱니가 없다. 봄에 흰빛 또는 연붉은 꽃이 햇가지 끝에 한 송이씩 핀다. 열매는 서양배 모양인데 노랗고 단맛과 향기가 있어 날로 먹거나 잼으로 만들어 먹는다. 중앙아시아가 원산으로 스페인에 분포되어 있다.

Quinquina(퀴잉쿼 : 기나수)

키니네(quinine)와 약초들로 착향시킨 적갈색의 방향성 와인으로 그 독특한 향미 때문에 아페리티프로 애음된다.

Radish(무)

겨자과에 속하며 중앙아시아가 원산으로 뿌리는 잎과 함께 식용으로 쓰이고 비타민 · 단백질의 함유량이 많아 약재로도 쓰인다.

Raspberry[라즈베리 : 나무딸기(열매)]

장미과에 속하며, 열매는 털이 많고 가을에 붉게 여문다. 딸기와 비슷하며 빨강 · 검정 · 보라 3종류가 있다. 젤리 · 잼 · 파이 · 무스를 만드는 데 이용한다.

Red Cabbage(레드 캐비지)

양배추의 일종으로 색은 붉거나 보라색으로 되어 있다. 속은 단단하고 꽉 차 있다.

Red Pepper(레드페퍼 : 고추)

열대 아메리카, 아프리카의 서인도제도 및 일본에서 재배된다. 식물의 열매는 선홍색이고 크기와 모양이 다양하다. 햇볕에 말리며 카옌페퍼(cayenne pepper)를 건조시킨 열매로 가루를 만든다. 레드페퍼(red pepper)는 강한 향을 낸다.

Rosemary(로즈메리)

신선한 향을 갖고 있는 마늘 형태의 향료이다. 감자요리에 많이 쓰이며, 수프, 로스트비프 수프, 스톡의 향미에 쓰인다.

Rye(라이 : 호밀)

포아풀에 속하는 1년생 또는 2년생 풀로 밀과 비슷하며 잎은 밀보다 작고 짙은 녹색이다. 뿌리가 잘 발달하고 추위에 견디는 성질이 강하다.

Saffron(사프란)

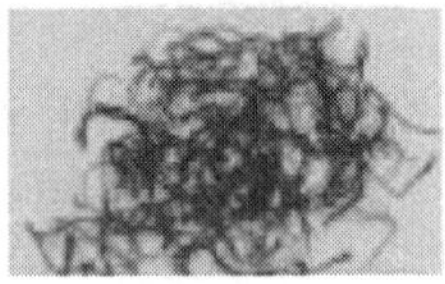

온난하고 비가 적은 곳에서 잘 자라며 높이 약 15cm이다. 알뿌리는 지름 3cm로 납작한 공 모양이고 잎은 알뿌리 끝에 모여 나며 줄 모양이고 꽃이 진 다음 자란다. 원예상으로는 꽃이 봄에 피는 종과 가을에 피는 종으로 크게 나누는데, 봄에 피는 종을 크로커스, 가을에 피는 종을 사프란이라고 하여 구분하기도 한다. 주로 쌀·감자·스프에도 이용하는데, 우유나 부용(bouillon) 등에 건조한 샤프란을 잠시 담가서 액체로 침출시켜 이용한다. 요리에는 착색 및 방향제로 사용되며, 소스 및 빵·버터·치즈·비스킷 등에서 독특한 냄새와 색을 내기 위하여 사용한다. 향미보다 착색성이 강한 스파이스로 생선요리에 잘 어울리고, 스페인의 파에야에 필수적인 재료이다.

Sage(세이지 : Sagebrush)

세이지는 영어 이름인데 프랑스어 Sauge가 변한 말로 흔히 샐비어(salvia)로 불리기도 한다. 요리에는 주로 잎과 부드러운 줄기가 사용된다. 일반적으로 사용하는 트리컬러 세이지(Tricolor Sage)는 요리재료로 가장 많이 쓰이는 종으로 향이 좋으며, 자극적인 맛을 낸다. 세이지는 치즈·소시지·가금류 요리에 사용되는데, 극소량을 사용하는 것이 특징이다. 허브의 향이 너무 강해서 요리의 다른 맛들이 제대로 살아나지 않을 수 있기 때문이다.

Savory(세이버리 : Savoury)

유럽이 원산지인 차조지과의 향신료 식물로 식전·식후의 짭짭한 맛이 나는 요리에 주로 쓰인다.

Savoy Cabbage(사보이 캐비지)

양배추의 일종으로 초록·황색 잎들의 섬유조직이 곱슬곱슬하여 분별하기가 쉽다. 녹색 양배추보다 봉우리가 더 넓게 퍼져 있고 부드럽다.

Sesame Leaf(깻잎)

참깨과에 속하는 1년생 풀로 밭에 심어 가꾸는 농작물이다. 씨는 '참깨'라 하여 볶아서 깨소금을 만들어 양념에 쓰며, 기름으로도 짜서 요리에 쓰고, 어린잎은 식용으로 쓴다.

Shallot(셜롯 : 골과류)

양파의 변종으로 마늘같이 줄기는 하나가 아니고 여러 개가 송이처럼 되어 있다. 풍미는 양파와 별로 차이는 없으나 회색으로 향기가 있고 팬에 구우면 향내가 난다.

Spearmint(스피어민트)

유럽이 원산지인 민트, 즉 양박하를 말한다.

Spinach(시금치)

명아주과에 속하는 1년생 또는 2년생 풀. 줄기는 속이 비었으며 키는 30~60cm이며, 뿌리는 빛이 붉다. 좋은 시금치는 짙은 초록색으로 부드러운 어린잎을 가지고 있으며 줄기는 없다.

Squash(호박 : pumpkin)

종류가 많지만 실용상 3계통으로 구별할 수 있다. 제1은 일본호박으로 가장 일찍이 일본이나 우리나라에 도래한 관계로부터 단지 호박이라고 하면 이 종류를 가리키고 있다. 표면은 투덜투덜하고 세로로 큰 도랑이 몇 개씩 있다. 색깔은 짙은 녹색 · 적갈색 · 갈색 등이다. 일반적으로 따뜻한 지방에서 재배된다. 제2는 서양호박으로 밤호박이라고도 하여 일반적으로 과피는 매끄럽고 색깔은 여러 가지이다. 19세기에 미국에서 들어온 것으로 서늘한 지방에 적합하다. 최근 뉴질랜드로부터도 수입된다. 제3은 퐁킨으로 페포호박, 장식용 호박 등으로도 불리고 주로 관상용이지만, 소우멘 호박 같은 실용종도 있다.

Tarragon(타라곤 : 사철쑥류)

유럽이 원산지이며 러시아와 몽고에서 재배되는 정원초의 일종으로 프랑스에서 식용으로 최초로 재배되었다.

Tea(티)

차는 카멜리아과에 속하는 식물의 둥근 잎들에게 붙여진 이름이다. 차의 종류에는 홍차 · 녹차 · 우롱차 · 인삼차 · 구기자차 · 하부차 · 생강차 등이 있다. 차 보관법은 항상 서늘하고 건조한 것이 좋다.

Thyme(타임 : 꿀풀과의 백리향속 식물의 일종)

지중해가 원산지인 타임은 유고 · 체코 · 영국 · 스페인 · 미국 등에서 재배되며 둥글게 말린 잎과 불그스름한 라일락색을 띤 입술 모양의 꽃이 핀다. 백리향의 어린싹이나 잎을 말려서 가루로 만든 것으로 육류요리, 닭이나 패류요리에 사용하면 좋고 특히 조개로 만든 차우다우식 요리에 주로 쓰인다.

Turmeric(터메릭 : 심황)

인도가 원산지인 터메릭은 동아시아 · 아프리카 · 호주 등에 재배되며 생강과에 속하는 식물로, 강한 향과 뿌리의 노란색은 착색제로 사용하며 건위제이기도 하다. Curry Poser, 머스터드를 만들 때 사용하며 단무지의 착색제로 사용한다.

Vanilla(바닐라)

난초과에 속하는 식품의 열매로 그냥 사용하지 않고 에센스로 만들어서 소량씩 첨가하게 되어 있다. 초콜릿, 아이스크림, 고급 과자류에 향긋하게 풍겨서 식미를 돋우어준다.

Walnut(월넛 : 호두나무의 열매)

호두나무과에 속하는 낙엽 교목. 흑해와 지중해 연안지역에서 대량재배한다. 껍질이 얇은 호두는 디저트로 가장 좋고, 부패성이 있어 쉽게 썩거나 벌레가 침입하기 쉽다.

Watercress(워터크레스)

양갓냉이로 샐러드용으로 쓰인다.

White Cabbage(화이트 캐비지)

엷은 초록색이 가미된 회색으로 흔히 얘기하는 양배추이다. 콜 슬로 샐러드(cole slaw salad), 사워크라우트(sauerkraut)에 사용한다.

White Truffle(화이트 트러플)

주로 이탈리아 피에몬테(Piedmone) 지방 등 중부유럽에서 자생하며, 7~9월까지가 성수기이다. 표피는 단단하고 혹이 없으며 보통 오리알만 한 크기도 있다. 초기에는 회백색이고, 쪼개진 금이 있으며 나중에는 황갈색으로 변한다.

03 식음료 및 주장 부문

After Dinner(애프터 디너)

칵테일 이름으로 리큐어 베이스 칵테일(liquer base cocktail)로 에이프러콧 브랜디(apricot brandy), 큐라소(curacao), 라임 껍질을 셰이커에 넣고 얼음덩어리와 같이 흔들어서 만든 달콤하고 향기 높은 것으로 식후에 마신다.

After Dinner Cocktail(애프터 디너 칵테일)

식사 후에 마시는 것으로 감미가 풍부하고 산미가 높으며 리큐어 베이스 칵테일(liquer base cocktail)로 애프터 디너(after dinner), 애프터 서퍼(after supper), Babbies Special 등이 있다.

After Dinner Drinks(식후의 양주)

식후주로는 주로 코냑(cognac)이나 리큐르(liqueur)가 적당하다. 코냑은 브랜디 스니프잔을 사용하며 용량은 3분의 1 정도 들어갈 수 있는 크기의 것이 좋다. 코냑을 마실 때는 손바닥으로 잔을 따뜻하게 해서 마시는 것이 향과 맛을 즐길 수 있다.

After Taste(애프터 테이스트)

술이나 음료를 마신 뒤에 입안에 남아 있는 향과 맛을 말한다.

Alcoholic[술(酒)]

술이란 주정과 알코올분 1% 이상의 음료를 통칭한다. 술은 알코올 이외에 당분 · 흰자질 · 무기질 등이 포함되어 있으며, 알코올은 위와 소장에서 체내로 흡수되며 90%가 정맥을 통하여 간에서 물과 탄산가스로 분해된다. 간이 1시간에 분해할 수 있는 알코올의 양은 7~8g 정도이다.

Alcoholic Coffee(알코올성 커피)

술이 첨가되는 커피로서 첨가되는 술의 종류에 따라 명칭을 달리한다. 종류로는 아이리시 커피(irish coffee), 커피 로열(coffee royal), 커피 디럭스(coffee deluxe), 스패니시 커피(spanish coffee) 등이 있다.

Alcoholic Content of Liquor(술의 알코올 농도 및 도수)

도수의 결정은 일정한 물에 알코올의 함유 농도의 비중을 말한다. 즉, 술 속에 포함되어 있는 에틸알코올의 양에 따라 결정된다.

American Gin(아메리칸 진 : Fleischman Dry Gin)

아주 드라이한 진(gin)이다.

American Whisky(아메리칸 위스키)

미국에서 생산되는 위스키의 총칭이다. 이 위스키는 참나무 오크통에서 착색된 것으로 버번위스키라고도 한다. 미국의 주법에는 반드시 51% 이상의 옥수수를 주재료로 사용해야 하며 80° 이하의 알코올 도수로 증류해야 한다. 최소한 2년 이상 숙성시켜서 병에 담을 때는 증류수로 희석시켜서 43°로 담는다.

Anisette(아니스 술)

아니스(anise)의 향이 나며 아니스 열매, 레몬 껍질, 육계 코리앤더(coriander) 등의 향미를 첨가한 리큐르이다. 식전 혹은 식후에 소화를 돕는 것으로 잘 알려져 있으며 주정 도수는 25°에서 30° 정도이다.

A.O.C(에이오시 : 아펠라시옹 도리진 콩트롤레)

Appllation D'origine Controlee의 약자인 원산지 통제 명칭으로서, 와인이 어느 지역에서 생산되었고, 어떤 포도품종으로 만들어졌으며 와인 제조방법, 최소 알코올 함유량, 심는 방법, 가지치고 가꾸는 방법, 포도 수확량, 숙성조건 등을 다루고 있다.

Appetizer Cocktail(애피타이저 칵테일)

식사 전에 식욕을 촉진시킬 목적으로 마시는 칵테일로 감미(甘味)가 적고 신맛과 쓴맛이 있는 청량음료 등을 사용한 것으로 마티니(martini), 스크루 드라이버(screw driver), 캄파리소다(campare) 등이 있다.

Apple Jack(애플 잭)

미국산 사과 브랜디(apple brandy)이다.

Apple Wine(애플 와인)

사과를 원료로 하여 만든 과실 발효주로 시드르(cidre)라고 부르는데 영국과 프랑스에서 대중적으로 즐기고 있다.

Bar Cloth(바 클로스)

주장(bar)에서 사용하는 것으로 각종 글라스를 닦거나 펼쳐놓고 닦여진 글라스를 배열해놓는 데도 이용한다.

Bar Spoon(바 스푼 : Long Spoon)

칵테일 재료를 휘저을 때 사용되며 한쪽은 포크로 되어 레몬 등을 찍을 때 이용된다.

Bar Trolley(바 트롤리)

각종 주류 진열과 필요한 얼음, 글라스, 부재료, 바(bar) 기물 등을 비치하여, 고객 앞에서 주문받아 즉석에서 조주하여 제공하는 것을 말한다.

Beer(맥주)

맥주는 보리·홉·물·효모 등을 원료로 하여 발효공정을 거쳐 만들어내는 양조주의 일종이다.

Benedictine(베네딕틴)

여러 가지 약초를 원료로 처방한, 독특한 맛과 향을 가진 가장 오래된 리큐르 중의 하나로서 알코올 도수는 약 42°이며, 피로회복에 효능이 있는 술로 널리 애음되고 있다.

Beverage(베버리지)

음료는 정찬의 마지막 코스에 제공되며 알코올성 음료는 양조주 · 증류주 · 혼성주로 구분되며, 비알코올성 음료는 청량음료 · 영양음료 · 기호음료로 구분된다.

Bin Card(품목별 카드 : Perpetual Inventory Card)

식음료 입고와 출고 현황에 따른 재고기록카드로서 품목의 내력이 기록되어 있으며 창고 또는 물건이 비치되어 있는 장소에 비치한다.

Bitters(비터스)

칵테일이나 기타 드링크류에 향을 가하기 위하여 만든 착향제이다. 간혹 쓴맛이 나는 음료를 뜻하기도 한다.

Black Berry Brandy(블랙베리 브랜디)

검은 딸기(black berry) 술로서 주정 도수가 25° 정도의 소화 촉진에 효과가 있는 리큐르(liqueur)이다.

Black Death(블랙 데스)

회양풀의 열매(caraway seed) 술로서 주정 도수가 25° 정도의 소화 촉진에 효과가 있는 리큐르이다.

Blanc(블랑)

흰색 또는 맑은 것을 의미한다. Vin Blanc은 백포도주, 화이트소스(white sauce), 백색의 리넨, 계란의 흰자위, 화이트 미트(white meat)를 의미하기도 한다.

Blend Method(블렌드 방법 : Blending)

2가지 이상의 요리재료를 철저히 믹싱하는 조리방법을 말한다.

Bourbon Whisky(버번위스키)

버번이란 미국 켄터키주 동북부의 지명으로 이 지방에서 생산되며 옥수수를 주원료로 사용한다. 이것에 라이(rye)와 몰트(malt) 등을 혼합하여 발효시켜 패턴트 스틸(patent still)로 증류한다. 사용하지 않은 새로운 오크통의 안쪽을 그을린 것에 넣어 4년 이상 저장하고 숙성시키는 것이 특징이다.

Brandy(브랜디)

좁은 의미로는 포도를 발효, 증류한 술을 말하며, 넓은 의미로는 모든 과실류의 발효액을 증류한 알코올 성분이 강한 술의 총칭이다. 포도 이외의 다른 과실을 원료로 할 경우는 브랜디 앞에 그 과실의 이름을 붙인다.

Butler(버틀러)

주류 관리자를 말한다.

Cafe Alexander(카페 알렉산더)

아이스커피와 브랜디, 카카오의 향이 함께 어우러진 가장 전통적인 분위기의 커피로서, 주로 남성들이 즐기는 메뉴이다.

Cafe au Lait(카페오레 : White Coffee, Coffee with Milk)

프랑스식 모닝커피로, 카페오레는 커피와 우유라는 의미이다. 커피를 보통 커피의 추출 농도보다 40% 정도 진하게 추출한 후 큰 컵에 설탕을 미리 넣고 커피와 동시에 따뜻한 우유를 부어준다.

Cafe Cappuccino(카페 카푸치노)

이탈리아 타입의 짙은 커피로 아침 한때 우유와 커피에 계피향을 더하여 마시게 되면 더욱 풍미를 느낄 수 있다.

Cafe Espresso(카페 에스프레소)

본격적인 이탈리안 커피로 '크림카페'라고도 한다. 이탈리아에서는 식후에 즐겨 마시는데, 피자 따위의 지방이 많은 요리를 먹은 후에 적합한 커피이다.

Cafe Kahlua(카페 칼루아)

칼루아란 멕시코산의 데킬라 술의 일종으로, 데킬라 술의 향기와 커피의 맛이 어우러진 독특한 메뉴이다.

Cafe Napoliano(카페 나폴리아노)

이탈리아어. 모닝커피이며 미국의 젊은 층 사이에서도 크게 유행이다. 아주 뜨겁게 해야 제맛을 느낄 수 있다.

Cafe Noir(카페 느와르 : Black Coffee)

크림이나 우유가 가미되지 않은 블랙커피이다.

Cafe Royal(카페 로열)

푸른 불빛을 연출해내는 커피의 황제 카페 로열은 프랑스의 황제 나폴레옹이 좋아했다는 환상적인 분위기의 커피이다.

Campari(캄파리)

이탈리아 전통 식전주로 주정 도수가 50Proof(25°) 정도이며 핏빛처럼 빨간 색깔의 상당히 쓴맛을 내며 온더록스, 오렌지 주스, 소다수를 넣어 마신다.

Canadian Whisky(캐나디안 위스키)

캐나다에서 생산되는 위스키를 총칭한다. 주재료인 호밀 51%와 곡류(밀 · 보리 · 옥수수 등)를 혼합하여 갈음(mashed)한 후 발효 증류한 다음 오크(oak) 통에 저장한다. 혼합하여 80Proof 이상의 알코올 도수로 출고하며 생산과정을 캐나다 정부에서 감독한다.

Champagne(샴페인 : Sparkling Wine)

프랑스 샹파뉴(Champagne) 지방에서 생산되는 포도주를 말한다. 샹파뉴에 있는 랭스(Reims)와 남쪽의 에페르네(Epernay), Chalor의 삼각지대에서 생산되는 스파클링 와인(sparkling wine)에 한해서만 샴페인의 칭호를 사용하도록 되어 있다.

Chartreuse(샤르트뢰즈 : Yellow and Green)

'리큐르의 여왕'이라고 불리는 이 술은 프랑스의 고전적인 리큐르의 하나로 프랑스어로 '수도원'이라는 뜻이다.

Chaser(체이서)

독한 술을 스트레이트나 온더록(on the rock)으로 마신 다음에 마시는 음료이다.

Chateau Montbleu(샤토 몽블르)

프랑스의 보르도 와인 타입의 신선하고 산뜻한 드라이 화이트 와인(dry white wine)으로 진로 제품이다.

Chateau Wine(샤토 와인)

프랑스 보르도 산의 유명한 포도주. 여기서 샤토(chateau)는 성(城)을 뜻한다.

Cider(사이다)

사과를 발효해서 제조한 일종의 과실주로 알코올 성분이 1~6% 정도 함유되어 있는 청량음료를 말한다.

Claret(붉은 포도주)

프랑스 보르도(Bordeaux)산 적포도주(red wine)를 지칭하며, 17세기 영국에서 부르기 시작하였다.

Claret Cup(청량음료)

포도주에 브랜디, 향료 따위를 섞어 얼음으로 차게 한 것.

Cocktail(칵테일)

여러 가지 양주와 부재료(향료, 과즙, 우유, 계란, 주스, 탄산음료, 다른 알코올음료 등등)를 적당분량 혼합해서 색 · 맛 · 향을 조화 있게 만들어 마시는 1860년경 미국에서 고안된 혼성음료를 말한다.

Cocktail Basic Technique(칵테일 주조방법)

주장에서 사용되는 섞는 방법의 기본법은 빌드 · 스터 · 셰이크 · 블랜드의 4가지가 있다.

① Build Method(빌드 방법) : 서브될 용기나 글라스 안에다 한 가지 재료를 넣어 섞는 방법이다.
② Stir Method, Mixing Glass(휘젓기 방법) : 비중이 가볍거나 잘 섞이는 두 가지 이상의 술을 믹싱 글라스에 넣고 롱 스푼으로 골고루 저어서 스트레이너(stainer)를 믹싱 글라스에 끼우고 서빙 글라스에 걸러 제공하는 방법이다.
③ Shake Method(흔들기) : 셰이커 안에 혼합물을 넣어 흔들어서 제공하는 방법. 핸드셰이킹(hand shaking)은 조주기법 중에서 꽃이라고 할 수 있으며 쇼맨십(showmanship)이 필요한 기법이다.
④ Bland Method(블랜디) : 계란 · 크림 등 잘 섞이지 않고 거품이 많이 필요한 펀치(punch)류와 같은 종류를 만들 때 사용한다.

Cocktail for All Day(올 데이 칵테일)

식전이나 식후에 관계없이 또 식탁과 관계없이 어디서나 어울리는 드링크로서 단맛과 신맛을 동시에 갖고 있으며 비교적 산뜻하고 부드러운 맛을 내는 것으로 치치(chee chee), 마이타이(maitai), 브랜디 사워(brandy sour), 진, 라임소다 등이 있다.

Cocktail Garniture(칵테일 첨가재료)

칵테일의 기주(基酒)에다 부재료를 사용하여 색과 맛 그리고 향기를 첨가하여 마시는 사람에게 만족감을 준다. 이러한 부재료를 보면 풍미를 내기 위해 사용되는 주류(liqueur, vermouth 등) 외에 과즙류(juice), 시럽류(syrup), 과실류(fruits), 향료류(fpice), 비터스류(bitters), 탄산 청량음료 등이 있다.

① 과즙을 내서 사용하는 과일 : 레몬, 라임, 오렌지
② 시럽류 : 플레인 시럽, 그레나딘 시럽, 라스프베리 시럽
③ 주스류 : 오렌지, 레몬, 라임, 파인애플, 토마토 주스
④ 과실류 : 레몬, 오렌지, 라임, 파인애플, 체리, 올리브, 어니언
⑤ 향료류 : 박하, 시마몬, 너트메그, 클로브, 오렌지비터
⑥ 청량음료류 : 소다수, 광천수, 콜라, 토닉워터, 사이다, 진저에일(생강맛을 곁들인 비알코올성 탄산 청량음료의 일종), 샤워믹스
⑦ 기타 부재료 : 생크림, 커피, 계란, 설탕, 꿀, 소금, 후추, 핫소스, 우스터소스

Cocktail Lounge(칵테일 라운지)

양주에서 소프트 드링크까지 이른바 음료를 마시면서 담화하는 넓고 큰 방을 라운지라고 부른다. 대체로 로비(lobby) 옆에 있고, 술을 즐기는 바와 로비를 합쳐서 조합한 것을 말한다.

Cocktail Measuring(칵테일 도량계)

칵테일을 보다 맛있게 제조하여 고객들에게 제공하기 위해서는 정해진 재료를 정량대로 사용하지 않으면 안 된다.

Coffee(커피 : Cafe)

커피 역사의 시발에 대한 확실한 문헌은 없으나 대략의 개요를 살펴보면 커피의 원산지는 에티오피아로 알려져 있다. 커피를 서브할 때는 한잔의 양은 10㎖ 정도이고 적정온도는 80~83℃이며 설탕과 크림을 넣었을 때 60~63℃가 적정온도이다.

커피를 끓이는 방법

① Percolator(퍼콜레이터) : 여과방법을 이용하여 불 위에 직접 끓이는 방법을 말한다.

② Syphon(사이폰) : 가는 관을 통하여 커피를 유출하는 방법으로 커피와 물을 따로 분리해놓고 열을 가하면 위에서 커피가 증기에 가해져 커피가 유출되는 방법이다.

③ Drip(드립법) : 일명 필터법이라고 불리며 필터를 드립에 부착시킨 후 물을 붓고 유출시키는 방법이다.

④ Espresso(에스프레소) : 이탈리아식으로 에스프레소 기계를 이용하여 커피의 농도를 2배 이상 진하게 유출시키는 방법이다.

⑤ Boiling(보일링) : 가장 일반적인 방법으로 커피와 물을 함께 넣어 직접 열로 가하여 끓이는 방법이다.

⑥ Bunn Automatic(전동법) : 전동커피 기구를 이용하여 전열기에서 순간적으로 끓는 물을 관을 통하여 드립 속의 커피를 농축시켜 커피를 유출시키는 것으로 호텔에서 가장 많이 이용하는 방법이다.

Coffee Baeranfang(커피 베랑팡)

보드카와 카카오를 넣고 커피를 부은 후 꿀과 휘핑크림을 얹어 제공하는 커피이다.

Coffee Conquest(커피 콩퀘스트)

커피에 럼, 그랜드 마니(grand manie), 오렌지 껍질, 설탕 등을 넣어서 제공하는 커피를 말한다.

Coffee Float(커피 플로트)

크림커피로 일명 카페, 그라세, 카페 제라트로도 불리며, 아이스크림이 들어 있다.

Coffee Punch(커피 펀치)

황란과 꿀을 개어 커피를 넣고 잘 저어 브랜디를 휘핑크림(whipping cream)으로 덮는다.

Cognac(코냑)

프랑스 코냑시 지방에서 생산되는 브랜디이다.

Cointreau(쿠앵트로)

오렌지향을 가미한 주정 도수가 40°인 프랑스산 무색 리큐르(liqueur)이다.

Cola(콜라)

열대지방에서 재배되고 있는 콜라 열매(cola nut) 속에 있는 콜라두를 가공 처리하여 레몬 · 오렌지 · 시나몬 · 바닐라 등의 향료를 첨가하여 만든다.

Cork Screw(코르크 스크루)

코르크 마개병을 따는 기구이다.

Corn Whisky(콘 위스키)

미국 남부에서 생산되며 전체 원료 중 옥수수의 비율이 80% 이상의 것을 말한다. 버번위스키는 안쪽을 그을린 통에 저장하여 착색하는 데 반해 콘 위스키는 그을리지 않은 한 번 사용한 통을 재사용하며 착색되지 않은 것이다.

Cream Cocktail(크림 칵테일)

칵테일 중에서 진한 농도의 크림을 써서 리큐르와 혼합하여 만드는 칵테일 종류의 총칭이다.

Cube Suger(각설탕)

각설탕은 상백탕에 무색투명한 당액을 가해서 일정한 각형으로 압축하여 약한 열로 건조시킨다.

Cup(컵)

펀치(punch)와 비슷한 방법으로 만들어 워터 저그(water jug)에 넣어 텀블러(tumbler)로 마시는 와인(wine), 브랜디(brandy), 리큐르(liqueur), 소다수(soda water), 프루츠(fruits) 등으로 만든 롱 드링크(long drink)를 말한다.

Cut(컷)

과일을 얇게 써는 것이 아니라, 세워서 '몇 분의 일'로 가르는 경우를 말한다.

Cuvee(큐베)

샴페인을 만드는 과정에서 여러 포도주를 혼합하는 준비과정이다. 이 큐베 작업은 샴페인의 질과 맛을 내는 매우 중요한 작업으로, 셰프 드 캐프(chef de cave)라는 각 포도주 회사의 저장고 책임자에 의해 작업이 이루어진다.

Daisy(데이지)

감귤류의 주스에 술을 넣고 과일 · 시럽 · 리큐르 등을 첨가하여 고블릿(goblet)에 얼음을 넣고 채워서 계절의 과일을 장식한 롱 드링크이며 데이지란 이탈리아의 국화이다.

Danzig(단치히)

30°의 주정 도수를 가진 무색투명한 오렌지향의 리큐르로서 미세한 금박조각을 띄운 아름다운 술이다.

Dash(대시)

비터(bitter)병으로부터 나오는 양의 표시로서 비터보틀(bitter bottle)에서 나오는 양. 즉, 1/6 티스푼 정도를 말한다.

De Caffinated Coffee(탈카페인 커피)

커피 속의 카페인 성분을 97% 제거시킨 원두를 사용하여 제조된 커피이다.

Decant(디캔트)

앙금이 전부 가라앉은 와인을 다시 다른 병에 옮겨 마시는 것을 말한다. 오래 숙성된 레드 와인을 마실 때 주로 사용한다.

Decanting(디캔팅 : Wine Decanting)

와인의 찌꺼기를 거르거나 다른 용기에 담는 과정을 말한다.

Definition of Alcoholic Liquors(주류의 정의)

우리나라 주세법의 주류는 주정(희석하여 음료로 할 수 있는 것을 말한다)과 알코올분 1° 이상의 음료(약사법의 규정에 의한 의약품으로서의 알코올분 6° 미만의 음료는 제외)를 말한다.

Demi Tasse Coffee(데미 타스 커피)

일반적으로 식후에 먹는 양이 보통 커피 잔보다 $\frac{1}{2}$크기이고 농도가 짙은 커피를 말한다.

Dessert Wine(디저트 와인)

주식사가 끝나고 디저트를 먹을 때 같이 먹는 와인으로서 주로 스위트 와인(sweet wine)이 쓰이며 포트와인(port wine) · 스위트 셰리(Sweet Sherry) · 스위트 레드 와인(sweet red wine) · 스위트 화이트 와인(sweet white wine) 등이 디저트 와인으로 많이 애용되고 있다.

Distilled(증류주 : Spirits)

이 방법은 알코올이 포함되어 있는 혼합물로부터 알코올을 분리해내는 방법을 뜻하는데 이것은 성질이 다른 두 가지 이상의 물질이 있을 때 각각 다른 물질은 다른 기화점을 가지고 있다는 데 착안된 것이다. 즉 · 곡류와 과실 등을 원료로 단식증류기와 연속증류기에 의하여 증류한 강한 알코올이 함유된 술이다. 일명 불의 술이라 하여 증류주에는 브랜디 · 코냑 · 위스키 · 보드카 등이 있다.

DOM(디오엠 : Deo Optimo Maximo)

리큐어인 베네딕틴(Benedictine)에 써 있는 말로서 최고의 신(神)에게 바치는 술이라는 뜻이다.

Dortmund Beer(도르트문트 비어)

양조용수는 황산염을 함유한 경수(센물)를 사용하며, 필젠(Pilsener beer) 타입보다 발효도가 높고 향미가 산뜻하며 쓴맛이 적은 담색 맥주이다. 알코올 함량은 3~4%이다.

Double(더블)

일반적으로 싱글은 30㎖분의 양을 말하고 더블이라고 하면 그의 2배인 60㎖분의 양을 의미한다.

Draft Beer(드래프트 비어 : 생맥주)

발효균을 살균하지 않은 생맥주이다.

Drambuie(드램뷰)

스카치위스키를 기주로 하여 꿀을 넣어 달게 한 오렌지향의 호박색 리큐르이다.

Drink Formular(드링크 포뮬러)

한 병에서 얻어지는 잔의 수와 한 잔의 분량을 cc로 규정한 표준 분량 규정을 말한다.

Drip Coffee(드립 커피)

드립식 커피 끓이개로 만든 커피를 말한다.

Drop(드롭)

칵테일에서 사용하는 강한 향료를 비터보틀(bitter bottle)에서 떨어뜨릴 때 사용하는 말로 '방울'을 의미한다. 그리고 1방울을 뜻하는 말로서 5~6드롭의 양이 1Dash 정도 된다.

Dry[드라이 : (독일) Sec·(프랑스) Doux]

주조상의 술의 맛을 의미하는 용어로서 독하거나 쓴맛을 표현한다.

Dry Martini(드라이 마티니)

진과 드라이 베르무트를 5대 1의 비율로 섞어 만드는 마티니의 일종으로서 만드는 방법은 드라이 진 1⅓온스 · 드라이 베르무트 ⅓온수를 셰이커에 얼음과 함께 넣고 잘 흔들어 섞은 후 칵테일글라스에 따라 올리브 한 쪽을 넣어준다.

Dubonnet(두보네)

약한 키니네 맛을 가지고 있는 적색의 프랑스산 아페리티프 와인이다.

Dutch Coffee(더치커피)

물을 사용하여 3시간 이상 추출한 독특하고 향기 높은 커피이다.

Egg Cream(에그 크림)

우유 · 초콜릿 · 시럽 · 소다수를 섞어 만든 음료이다.

Egg Nogg(에그 노그)

술 · 계란 · 설탕 · 우유를 사용하여 만드는 크리스마스용 롱 드링크(long drink)를 말한다.

Epicure(에피큐르 : 미식가, 식도락가)

요리와 포도주를 좋아하는 사람을 말한다.

Espresso(에스프레소)

이탈리아식 커피 추출법으로 농도를 진하게 추출해내는 방법이다.

Exotic Cocktail(이그조틱 칵테일)

일명 트로피컬 드링크(tropical drink)로도 불린다. 짙푸른 바다, 요트, 종려나무, 하얀 모래사장을 연상시키는 사탕수수가 재배되는 카리브해안, 남아메리카, 하와이 등에서 럼(rum)

을 기주로 해서 열대성 과일의 껍질을 용기로 하거나 장식을 해서 만드는 낭만적인 칵테일의 총칭이다.

Fancy Drink(기호음료 : Non Alcoholic Beverage)

일반적으로 기호음료란 식전·식후에 즐겨 마시는 커피류 및 차 종류를 말한다.

Feathering(페더링)

커피의 온도가 85℃ 이하로 떨어진 후에 크림을 넣어서 고온의 커피즙에 함유된 산과 크림의 단백질이 걸쭉한 형태로 응고되는 것을 말한다.

Fermented(양조주 : Fermented Liqour)

양조주란 과실 중에 함유되어 있는 당분, 즉 과당이나 곡류 중에 함유되어 있는 전분을 전분당화효소인 디아스타제와 효모인 이스트를 작용시켜 발효 양조하여 만든 알코올이 생긴 음료이다.

Finger(핑거 : 계량기 따위의 지침, 바늘)

술의 분량을 측정하는 단위로서 일반적으로 텀블러 잔을 놓고 손가락을 제일 아랫부분에 가로 잡고 그 손가락 폭만큼의 술을 따른 양을 1핑거라 하여 30㎖ 정도의 양을 말한다.

Fizz(피지 : 거품이 이는 음료)

칵테일의 일종으로 탄산음료를 딸 때 "피익" 하는 소리에서 유래된 말로서 주로 진(gin)으로 만든다.

Fraise(프레이즈)

약 25°의 주정 도수를 가진 담홍색의 리큐르로 일명 스트로베리 브랜디 혹은 스트로베리 리큐르라고도 한다.

Framboise(프람보아즈)

약 25°의 주정 도수를 가진 나무딸기로 만든 담갈색의 리큐르로서 일명 라즈베리 브랜디(raspberry brandy)라고도 한다.

Freeze Dried Coffee(냉동 건조커피)

원두를 배전하여 추출한 커피 원액을 영하 40℃의 저온에서 순간적으로 냉동, 수분을 순화시켜 결정체를 만들어내는 제조방법으로 천연커피의 깊고 풍부한 맛과 향을 그대로 지닌 최고급 인스턴트커피이다.

Front Bars(프런트 바)

바텐더와 고객이 마주보고 서브하고 서빙받는 바를 말한다.

Fruit Liqueur(프루트 리큐르)

신선한 과일이나 말린 과일을 사용하여 즉 버찌 · 딸기 · 살구 등을 재료로 하여 만든 증류주이다.

Fruit Squeezer(과일 스퀴저)

조주 시에 사용하는 과즙제조기구이다.

Galliano(갈리아노)

오렌지와 바닐라를 사용하여 만든 노란색의 이탈리아산 리큐르주이다.

Gin(진 : Zinn)

여러 가지 곡물을 발효 양조하고 이것을 3회 증류를 거듭하여 순도 높은 곡물 중성 주정(neutral grain spirits)을 만들고 이것을 다시 두송실을 사용하여 착향시킨 것으로 무색이며 원가가 저렴해서 서민들이 즐겨 마시는 술이다.

Gin Fizz(진 피지)

진에 레몬 · 탄산수를 탄 음료이다.

Ginger Ale(진저에일)

생강으로 만든 비등성 청량음료이다.

Ginger Beer(진저비어)

진저비어는 진저와 크림상의 주석, 설탕의 혼합액을 물에다 타고 거기에다 이스트를 섞어서 발효를 하여 만든다.

Ginger Wine(진저와인)

설탕 · 레몬 · 건포도 · 생강을 섞어 발효시킨 음료이다.

Glass Holder(글라스 홀더)

뜨거운 음료를 제공할 때 텀블러(tumbler : 손잡이가 없는 컵)를 사용하는 데 용이하게 만든 것이다.

Golden Gin(골든 진)

일반적인 진과는 다르게 나무통 속에 저장하여 연한 황금색을 갖고 있는 진을 말한다.

Goldwasser(골드바서)

미나리과 고수나무인 고수 풀향을 착향시킨 퀴멜주(kummel)형의 금박을 함유한 리큐르이다.

Grain Natural Spirits(그레인 내추럴 스피리츠)

곡식으로부터 발효 증류되어 나오는 알코올이 95% 이상으로 증류될 때에는 그 재료의 특성은 거의 다 사라지고 무색무미에 가깝다. 이러한 알코올은 중성 주정(酒酊)이라 하며 블렌디드 위스키(blended whisky)·진·보드카·리큐르 등은 이와 같은 중성 주정으로 생산되는 경우가 많다.

Grain Whisky(그레인위스키)

그레인위스키란 곡물로 만든 위스키란 뜻인데 대맥 맥아나 발아하지 않은 곡물(주로 옥수수)을 말한다.

Grand Marnier(그랜드 마리너)

코냑 주를 기주로 하여 오렌지향을 착향시킨 연붉은색의 리큐르로서 쿠라소와 유사하다.

Grandjoie(그랑주아)

1987년 정통파 스파클링 와인으로 첫선을 보인 그랑주아는 프랑스의 돗츠 겔레만(Deutz Gelderman)사와 기술제휴를 해서 생산하여 호평을 받고 있는 스파클링 와인으로 대선주조 제품이다.

Granule Coffee(과립커피)

분무 건조된 인스턴트커피를 다시 미분쇄하여 습기를 가한 후 냉각 건조시킴으로써 과립 형태의 입자가 남게 된다. 물에 녹는 속도가 빠르고 찬물에도 잘 녹아 아이스커피용으로 많이 쓰인다.

Great Wine(그레이트 와인)

포도주를 만들어서 15년 이상 저장하여 50년 이내에 마시는 와인을 말한다.

Half and Half(하프 앤드 하프)

칵테일 용어로 서로 다른 두 가지 종류의 술을 소요량의 반분씩 제공하는 경우이다.

Half Slice(하프 슬라이스)

절반으로 쪼갠 다음 다시 얇게 조각을 내는 형태이다.

Hand Shaker(핸드 셰이커)

칵테일을 조주하는 데 대표적인 기구이다. 칵테일 처방서(recipe)에 따라 각종 재료를 넣어 그 재료들을 잘 혼합하고 용해하고 냉각시키기 위해서 흔들어주는 기구이다.

Hang-over(행오버 : 숙취)

원래는 '들고 간다'는 뜻이며, '숙취'라는 뜻의 미국식 표현이다.

Hawthome Strainer(호드른 스트레이너)

믹싱 글라스(mixing glass)에서 조주된 칵테일을 칵테일글라스에 따라 부을 때 얼음조각 등이 들어가지 않도록 사용하는 용수철을 써서 만든 기구를 말한다.

High Ball(하이 볼)

칵테일의 일종으로 기주에 각종 부재료를 섞어서 하이 볼 글라스(high ball glass)로 제공하는 모든 음료를 말한다.

High Ball Glass(하이 볼 글라스)

톰 콜린스 글라스(Tom Collins glass : 보통 물잔과 비슷한 큰 원통 잔)보다는 작으나 같은 형태로 되어 있으며 용량은 5~9 온스이다.

Holland Gin(네덜란드 진)

향기가 강한 오일로 인해 야성적인 풍미가 풍부하며, 주로 스트레이트로 차게 하여 마신다.

Ice Crusher(얼음 깨는 기구)

한 번에 많은 양의 얼음이 필요할 때 사용하는 장비로서 큰 파티나 컨벤션에 사용한다.

Ice Pail(얼음통)

얼음을 넣기 위한 용기로서 금속제품과 유리제품이 있다.

Ice Pick(얼음 깨는 송곳)

얼음을 깰 때 사용하는 기구이다.

Ice Tong(얼음 집게)

얼음을 집기 위한 기구로서 끝 부분에 톱니 모양이 만들어져 있다.

Irish Coffee(아이리시 커피)

아일랜드산 위스키가 커피와 조화를 이루는 다소 남성적인 커피로 몸의 피로를 풀어주는 효과가 있다 제조법은 레몬으로 Irish Coffee Glass Rim에 설탕으로 Rim을 하여 컵에 설탕을 넣은 후 아이리시 위스키를 넣고 발화되기 전까지 불로서 데운 후 커피를 살며시 그 위에 붓고 휘핑된 크림을 얹는다.

Irish Whisky(아이리시 위스키)

보리로 만드는 위스키. 즉, 몰트의 디아스타제를 사용하여 당화된 'Cearial Grain'의 Mash를 발효하여 Northern Ireland에서 증류에 의해 얻은 스프리트(Sprit)를 증류가의 창고 내의 술통 또는 보세창고 내의 술통 안에서 최저 3년간 숙성한 것이다.

Italian Coffee(이탈리안 커피)

블랙으로 제공하나 별도의 생크림을 준비하여 에스프레소식으로 추출한다.

Jigger(지거 : Messure Cup)

칵테일을 만들 때 용량을 재는 기구이다.

Juicer(주서 : 과즙 짜는 기계)

과일을 짜낼 때 스퀴저(squeezer)나 믹서로 짜지 못하는 파인애플과 같은 껍질이 특이하고 두꺼운 과실을 짤 때 사용한다.

Kava(카바 : Cava)

폴리네시아산 관목의 뿌리 등으로 만든 토속주이다.

Knock Back(노크 백)

손이나 기계를 사용한 발효 중의 가스 빼기 작업을 말한다.

Kummel(퀴멜주)

발트해 동쪽 연안지방의 명산품으로서 브랜디에 아니스와 회양초로 착향시킨 무색 리큐르, 주정 도수는 30~40°이다.

La Seine(라 세느)

프랑스의 C.F.G.V사를 통하여 직접 병입시켜 만든 Demi-sec 스파클링 와인이며 (주)동양맥주 제품이다.

Lager Beer(라거 비어 : 저축맥주)

제조과정에서 발효균을 살균하여 병에 넣은 맥주(저온에서 6주 내지 6개월 저장한 것으로 Ale보다 약함)를 말한다.

Lambic(램빅)

벨기에의 브뤼셀에서 양조되고 있는 몇몇 상면발효 타입 맥주 중의 하나로 60%의 맥아와 40%의 밀을 원료로 하여 제조된다. 홉(hop)을 많이 사용하면서 야생효모, 젖산균 및 브레타노마이세스 등의 균을 사용하여 자연발생적으로 발효를 시킨다. 이 맥주는 같은 하나의 용기에서 발효시키고 저장하여 2~3년 이상 후숙을 시킨다.

Lemon Soda(레몬 소다)

레몬 맛이 나는 탄산음료이다.

Lemonade(레모네이드, 레몬수)

레몬즙에 설탕이나 시럽, 물, 탄산 등을 넣어 만든 청량음료의 일종이다.

Light Beer(라이트 비어)

Low Alcoholic Beer와 Low Caloric Beer로 크게 나누며 Low Alcoholic Beer는 원맥즙의 당도를 낮게 하여 알코올 함량이

1.8~2° 정도이며, Low Caloric Beer는 맥주의 당도를 낮게 하여 맥주 칼로리를 낮게 한 맥주이다.

Light Whisky(라이트 위스키)

알코올분이 적고 향기가 순한 미국산 위스키이다.

Liqueur(리큐르)

리큐르는 과일이나 곡류를 발효 증류하여 만든 주정을 기주로 하고 대개 정제한 설탕이나 꿀을 사용하여 단맛을 낸다. 거기에다 약초(herb), 과일, 식물껍질(peels), 씨, 뿌리(roots)등을 첨가하여 향미와 색깔을 갖게 한 건강을 강조한 혼성주이다. 그러므로 대개 스트레이트하여 식후주(after drink)로 널리 애음되고 있으며, 또한 색깔이나 높은 향미 때문에 칵테일이나 펀치류 조주 시에 향을 내거나 맛을 가미하기 위하여 자주 사용된다.

Liquor(리큐어)

모든 알코올류의 총칭이다.

London Gin(런던 진 : Dry Gin)

도회적 감각의 진이라 말할 수 있으며 칵테일용으로 압도적으로 애용된다. 품질이 우수하여 현재 진을 총칭할 정도로 유명하다.

Long Drink(롱 드링크)

칵테일에 있어서 알코올과 비알코올성을 혼합한 것을 말한다.

Majuang(마주앙)

1977년 시판되기 시작한 독일 모젤 와인 타입의 색이 맑고 향기가 은은한 미디엄 스위트 와인(medium sweet wine)으로 (주)동양맥주 제품이다.

Majuang Special(마주앙 스페셜)

1984년부터 제조된 리스링 포도를 주원료로 한 마주앙보다 수준이 높은 와인을 말한다.

Mandarin Liqueur(만다린 리큐르)

만다린 오렌지향을 착향시킨 밝은 적색의 리큐르로서 주정도수는 약 25°이다.

Manhattan(맨해튼)

칵테일류의 일종으로 위스키 1⅓온스, 스위트 베르무트 ⅓온스, 앙고스 트라 비터 1Dash를 혼합 글라스에 얼음과 함께 넣고 잘 저어서 칵테일글라스에 걸러서 따라준 후 체리를 하나 넣어 제공한다.

Marriage(마리아주)

프랑스어로 결혼이라는 뜻으로 와인용어로 음식과의 좋은 궁합을 뜻한다.

Milk Shake(밀크셰이크)

우유에 얼음, 달걀, 설탕 또는 아이스크림을 넣고 거품이 나도록 저어 만든 음료를 말한다.

Mixing Glass(믹싱 글라스 : Bar Glass)

셰이커와 같이 술을 섞을 때 사용하는 것이나 셰이커를 사용하는 것과는 다른 맛의 칵테일을 만들고자 할 때 사용한다.

Mocha(모카)

마일드(mild) 커피의 일종으로 흔히 아라비아라고 부르는 예멘 지방에서 생산되며, 원두는 황록색이다. 신맛과 단맛이 좋으며 뛰어나 향기를 지니고 있어 '커피의 귀족'이라고 불린다.

Mosel(모젤)

독일에서 생산되는 유명한 백포도주의 명산지로서 레이블에 표기된다.

Muddler(휘젓는 막대 : Stirrer)

원래는 재료를 으깨거나 섞는 데 사용하는데 최근에는 각양각색의 색깔을 가지고 칵테일 장식용으로 사용되고 있다.

Mug(머그)

손잡이가 달린 소형 맥주잔을 말한다.

Napoleon Cognac(나폴레옹 코냑)

코냑 브랜디는 나폴레옹 1세가 가장 즐겨 마신 술로서 100년 이상 저장 숙성시킨 코냑 제품에 대한 별칭으로서 나폴레옹이란 이름이 붙여지고 있다. 그러나 나폴레옹이란 명칭이 붙은 것은 전부 100년 이상 Age된 것인지는 확실하지 않다. 어쨌든 'Napoleon'이라고 표시되어 있는 것은 그 제조회사에서 생산되는 제품 중 최상품이라고 인정하면 된다.

Noble Wine(노블 와인)

프랑스의 보르도 타입의 레드, 로제, 화이트 3종류의 와인을 생산하고 있으며 해태 제품이다.

Non Alcoholic Beverage(비알코올성 음료)

비알코올성 음료란 알코올이 전혀 들어 있지 않은 음료를 총칭한다.

Non Alcoholic Coffee(비알코올성 커피)

술이 첨가되지 않은 순수 커피로서 만드는 방법이나 재료의 종류에 따라서 명칭을 달리한다.

Nutrious Drink(영양음료 : Non Alcoholic Beverage)

영양음료란 사람이 마셔서 건강에 도움을 줄 수 있는 영양성분이 많이 들어 있는 음료를 말하는데 일반적으로 각종 주스류와 우유류가 있다.

Old Fashioned Glass(올드 패션드 글라스)

짧고 두터운 글라스로 아래보다는 위가 약간 넓은 것이 특징이며 용량은 4~6온스이다.

Old Wine(묵힌 와인 : Aged Wine)

포도주를 만들어서 5~10년 혹은 15년 이내에 마시는 포도주를 말한다.

On the Rocks(온더록스 : On the Ice Cubes)

'바위 위에'라는 뜻인데, 글라스(glass)에 얼음을 2~3개 넣어 그 위에 술을 따르면 마치 바위에 따르는 것처럼 보인다는 표현이다.

Opener(병따개)

병마개를 따는 기구로서 바(bar)용으로는 크기가 큰 것이 좋다.

Orange Bitters(오렌지 비터스)

칵테일이나 기타 드링크 조주 시에 사용되는 씁쓰름하고 단맛을 가지고 오렌지향을 가진 착향제이다.

Ounce(온스 : oz)

1온스를 1포니(pony) 또는 1tit(shot)이라 하여 1온스의 중량은 4℃일 때 28.35g이 된다.

Pannier(패니어 : Panier)

'와인용 바구니'를 뜻한다. 와인병 하나를 뉘어놓을 수 있는 바구니로 와인을 따를 때 앙금이 생기지 않도록 하기 위한 도구인데, 액세서리로 사용하기도 한다.

Petit Knife(작은 칼)

칵테일을 만들 때 또는 장식용 과일을 자르거나 간단한 오드볼을 만드는 데 사용하는 소형의 칼이다.

Pizz(피즈)

탄산가스가 물에서 떨어져 나갈 때 피익 하는 소리에서 비롯된 의성어이다. 주로 스피릿이 기본이 되며 과즙이나 감미를 가미해서 소다로 희석한다.

Plants Liqueur(플랜츠 리큐르)

초목을 재료로 하여 만든 리큐르로서 주로 브랜디에다 약 2일간 놓아두어 향이나 색이 배어나면 Pot Still법으로 증류하여 캐러멜 색소를 넣어서 착색시키는 동시에 단맛을 첨가시키고 나무 술통에 넣어서 1년간 숙성시킨다.

Pony Glass(작은 잔)

리큐르 등 혼성주를 마실 때 쓰이며 스템(stem)이 짧고 대단히 작은 글라스이다. 용량은 $\frac{3}{4}$~1온스이다.

Port Wine(포트와인)

포도를 수확한 후에 12시간 동안 맨발로 계속 밟아 색깔을 낸 후 양조한다. 포르투갈 최대의 수출국이었던 영국에 수출할 때 도중에 변질되는 것을 방지하기 위하여 40°짜리 브랜디를 첨가하여 효모의 발효를 중지시켰기 때문에 달고 독하다.

Pourer or Pouring Lip(포우러 혹은 포우링 립)

술병의 입구에 부착하여 술을 따르고 술의 커팅(cutting)을 용이하게 하고 술의 손실이 없게 하기 위하여 사용한다. 그러나 과당이 된 리큐르나 그레나딘에는 사용을 금한다.

Pousse-Cafe(오색주)

커피와 함께 내는 작은 잔의 리큐르의 술을 말한다.

Powder Sugar(파우더 슈거)

분당은 백사탕을 분쇄해서 미세한 결정을 만든 것이다.

Premium Beer(프리미엄 비어)

양질의 원료를 사용한 고급 맥주로서 알코올 함량을 5% 정도 높인 맥주인데 하이네켄 맥주가 대표적이다.

Proof(프루프)

알코올 도수의 표시방법으로서, 온도 60°F(15.6°C)의 원용량 10분 중에 함유하는 에틸알코올의 용량을 말한다.

Prunelle(프루넬)

서양 살구 Prune 혹은 Plum의 향미를 가미한 주정 도수 25°도의 갈색 리큐르이다.

Punch(펀치)

큰 볼에 덩어리 얼음을 넣고 두 가지 이상의 주스나 청량음료와 두 가지 이상의 술을 넣고 만드는 것이다.

Quetsch(큐치)

알라스 지방에서 생산되는 오얏(blue plum)으로 만든 증류주이다.

Recipe(레시피 : 양 목표, 처방, 조리법, 제조법)

처방이나 제조법을 말하며 조리나 칵테일에 있어 재료배합의 기준량과 만드는 순서를 총칭하여 양 목표를 레시피라 한다.

Rock & Rye(록 앤 라이)

과일 주스, 얼음사탕, 라이보리, 위스키 등으로 만든 리큐르로서 병 속에 과일조각이 들어 있는 것이 특징이다.

Rocks or on the Rocks(록 온더록스)

소형 각얼음을 뜻하며 'On the Rock'이라고 할 때에는 글라스에 얼음 몇 덩어리를 넣고 그 위에 증류주 따위의 술을 부어 제공하는 것을 뜻한다.

Rose Wine(로제 와인 : Pink Wine)

분홍색 포도주로 양식 코스 중 어느 코스에도 잘 어울리는 식탁용 와인이다. 이 와인의 색깔은 포도주를 담글 때 검은 포도를 사용하여 껍질째 담갔다가 발효 도중에 껍질을 제거하면 껍질의 색이 완전히 우러나지 않은 핑크색이 되는데 여기서 색깔이 생겨난 것이다. 로제 와인은 10℃ 정도로 차게 하여 서브하면 더욱 좋은 맛과 향을 즐길 수 있다.

Rum[럼 : Rhum(프랑스), Ron(독일)]

사탕수수를 원료로 하여 만든 증류주이다.

Russian Bear(러시안 베어)

보드카, 크림드 카카오(creme de cacao), 크림의 칵테일이다.

Rye Whisky(라이 위스키)

51% 이상의 호밀을 원료로 하여 만든 증류주로서 색깔에 있어서는 버본과 아주 유사하나 그 맛과 향이 다르다.

Scotch Whisky(스카치위스키)

스코틀랜드의 토탄맥아와 전통적인 단식 증류방법에 의하여 생산되는 스코틀랜드 특산 위스키로서 최소한 3년 이상 숙성한 80~86 proof로 하여 수출된다.

Screw-Driver(스크루 드라이버)

보드카(vodka)와 오렌지 주스(orange juice)를 혼합하여 만든 칵테일이다.

Screw Top(스크루 탑)

술병 등의 '돌려서 막는 마개'를 말한다.

Service Bars(서비스 바)

레스토랑과 같이 종업원이 주문을 받아 바텐더에게 전달하면 주문한 음료를 종업원이 고객에게 서빙하는 바를 말한다.

Set-up(세트업)

얼음과 컵 그리고 비알코올성 혼합용 물질을 손님이 집이나 다른 곳에서 사온 술과 함께 비교적 싼값으로 테이블에 제공하는 것으로, 흔히 레스토랑에서 술의 판매가 금지된 지역의 경우에 사용하는 방법이다.

Shake-up(셰이크업)

두 종류 이상의 위스키 등을 칵테일한 음료이다.

Shaker(셰이커)

혼성음료를 섞을 때 사용하는 기구이며 잘 섞이게 하고 동시에 내용물을 제거하는 것이다. 셰이커는 양은 · 은도금 · 스테인리스 등 금속성이 많으며 그 외에도 몸통이 유리제품인 것, 플라스틱 제품인 것도 있다.

Shaking(흔들기)

셰이커에 얼음과 재료를 넣고 흔들어 배합하는 과정을 말하며, 내용물이 잘 섞이지 않는 재료, 즉 리큐어 · 주스 · 슈거 · 에그 · 크림 등이 포함될 때 셰이커에 얼음과 같이 넣어서 세차게 흔들어야 한다.

믹싱 글라스

셰이커

Shandy(섄디)

맥주와 레몬향을 혼합하여 알코올 함유량을 1~2° 정도로 한 음료용 맥주로서 유럽지역에서 여성용으로 많이 생산된다.

Sherry(셰리)

스페인산 백포도주를 말한다. 이것은 포도 수확기에 포도의 잎을 쳐서 일광에 오래 건조시켰다가 통 속에 담가 플로르(flor)라고 하는 효모를 발효하여 양조한 포도주이다.

Short Drink(쇼트 드링크)

용량이 적은 6OZ(180㎖) 미만의 칵테일글라스에 제공되는 음료를 말하며 좁은 의미의 칵테일이다.

Shot(한 잔)

술의 단위 1ounce를 말한다.

Side Car(사이드카)

1차 세계대전 당시 프랑스 파리의 목로주점거리를 사이드카를 타고 달리던 군인이 처음 만들어낸 술이라 하여 지어진 이름으로 1923년에 파리의 Ritz에서 일하는 Frank라는 바텐더가 오늘날의 레시피(Recipe)로 정립시켰고 오늘날 많은 사람들이 애호하고 있다.

Single(싱글)

일반적으로 싱글이라고 하면 1ounce, 즉 30㎖의 분량이다.

Sling(슬링)

증류주에다 단맛과 신맛을 더해 희석하는 것이 기본형이다. 사용하는 글라스는 핫(hot)과 콜드(cold)의 두 종류가 있다.

Sloe Gin(슬로 진)

야생 오얏(sole berry)을 원료로 하여 만든 진한 적색의 리큐르이다. 여성들이 음미하기 좋은 술이다. 진(gin)이라기보다는 리큐르에 속한다고 할 수 있다.

Snow Style(스노 스타일)

글라스의 가장자리에 레몬 또는 라임즙을 적신 다음 백설탕 가루를 묻히는 스타일이다.

Soda Water(소다 워터 : 소다수)

탄산가스와 무기염료를 함유한 천연광천수와 인공적인 제품이 있다. 위스키와 배합하여 조주된다.

Soft Drink(청량음료 : Non-Alcoholic Beverages)

알코올성분이 없는 음료로서 특히 칵테일 과정에서 없어서는 안 될 재료이다. 종류별로 보면 탄산성 음료(콜라 · 소다수 · 진저에일 · 토닉워터 · 사이다) 및 비탄산성음료(광천수 · 셀처워터), 영양음료(주스류 · 우유류), 기호음료(커피 · 차 · 인삼차) 등이 있다.

Sommelier(소믈리에 : Wine Waiter. Wine Butler. Drink Waiter. Wine Steward)

와인 전문가로서 와인 주문, 와인 연도, 와인 추천, 요리와 적합한 와인 추천, 와인 창고 관리, 와인 진열과 고객으로부터 주문을 받고 직접 테이블에 서브하며 와인 시음과 테스팅을 하는 사람이다.

Spice(스파이스)

만들어진 칵테일의 맛을 더 내기 위하여 방향성의 식물을 첨가하는 것을 말한다. 스파이스는 천연인 것과 가공된 것이 있는데, 가공된 것은 대부분 분말로 된 것이 많다. 스파이스에는 시나몬(cinamon), 너트맥(nutmag), 민트(mint), 클로브(clove) 등이 있다.

Squeezer(스퀴저)

레몬 · 오렌지 등 과실의 즙을 짜낼 때 사용하는 기구로서 글라스 제품이나 도기제품이 있다.

Standard Drink Recipe(표준음료 레시피)

주로 혼합음료에 해당되는 것으로 어느 아이템을 만드는 데 소요되는 모든 혼합물 성분의 양과 원가, 만드는 방법, 사용하는 글라스 등을 기술한 표준 주조표를 말한다.

Strainer(여과기)

아무것도 혼합하지 않은 순수한 주류를 말한다.

Straw(스트로)

칵테일이나 음료를 빨아 마실 때 사용하는 것으로 청결한 것을 선택한다.

스트로
빨대. 마실 때 사용하지만 장식의 효과도 있다

Sweet(스위트)

술의 단맛을 표현할 때 쓰는데 칵테일을 만들 때는 스위트 베르무트(sweet vermouth)나 시럽(syrup)을 사용한다.

Swizzle(스위즐)

셰이커를 사용하지 않고 휘젓기(stir)로 저어서 만든 칵테일을 말한다.

Table Wine(테이블 와인)

식사 중에 마시는 와인, 포도주를 말한다.

① Red Table Wine(고기나 로스트 요리) : 버건디(burgundy), 클라렛(claret), 로제(rose)
② White Table Wine(생선) : 라인(rhine), 모젤(mosel)

Tea Spoon(티스푼)

재료의 분량을 잴 때 쓰는 용어로서 1 tsp는 약 1/8 oz 가량이다. 1테이블스푼은 3/8 oz의 분량이 된다.

Tequila(테킬라)

① 멕시코의 토속주(민속주)이다.
② 테킬라의 원료는 선인장의 일종인 '용설란'(Mescal Plant : Agave의 즙)이다.
③ 용설란의 수액을 발효시킨 것을 '풀케(pulque)'라고 하며, 이 풀케를 Pot Still로 두 번 증류해서 테킬라를 만든다.

Tom Collins(톰 콜린스)

진(gin)에 레몬즙 · 설탕 · 탄산수를 섞은 음료이다.

Tom Collins Glass(톰 콜린스 글라스)

보통 물잔과 비슷한 큰 원통 모양 잔으로 용량은 12온스 정도이다.

Tonic Water(토닉 워터)

영국에서 처음 개발된 무색투명한 음료로서 레몬 · 오렌지 · 라임 · 키니네(규군피의 엑기스)의 껍질 등의 엑기스에다 당분을 배합하여 만든 것이다. 주로 칵테일용으로 쓰인다.

Torchon(토션)

글라스(glass)를 닦는 천으로서, 특히 와인 마개를 따는 법에서 코르크를 뽑기 전이나 뽑은 후 병 언저리를 깨끗이 닦는 천이다.

Twist(트위스트)

과일의 안쪽 부분을 제거하고 껍데기만 꼬아놓은 상태로 주로 레몬(lemon), 오렌지(orange) 등을 많이 사용한다.

Utensil(유텐실)

주방 및 바(bar)에서 사용되는 기물의 총칭이다.

Vending Machine(벤딩 머신)

간단한 식료나 음료 또는 담배 따위를 판매원의 도움 없이 판매하는 자동판매기를 말한다.

Vienna Coffee(비엔나 커피)

컵에 커피를 따르고 여기에다 비엔나에서 스카라고멜이라고 불리는 휘핑크림(whipping cream)을 듬뿍 넣고 스푼으로 젓지 않고 마시는 커피이다.

Vin(빈 : Vini)

프랑스어로 포도를 뜻한다.

Vin Blanc(백포도주)

프랑스어로서 화이트 와인(white wine)을 뜻한다.

Vin Rose(빈 로즈)

프랑스어로서 로제 와인(pink wine)을 뜻한다. 차게 냉각하여 마신다.

Vin Rouge(빈 루즈)

프랑스어로 레드 와인(red wine)을 뜻한다.

Vino(비노)

이탈리아어로 와인을 의미한다.

Vino Tinto(비노 틴토)

스페인어로서 붉은 와인을 뜻한다.

Vodka(보드카)

감자를 주원료로 하여 만든 무색투명하고 거의 무미에 가까운 증류주로 슬라브 민족의 국민주이다. 그 어원은 러시아 Voda(우오다)로서 영어의 'Water'와 같은 뜻으로서 위스키나 브랜디가 생명의 물이라고 불리는 것 같은 비슷한 어원을 가지고 있다. 무색·무미·무취의 특성을 이용하여 각국에서는 칵테일의 기본주로 많이 사용하고 있다.

Water Jug(워터 저그)

조주에 쓰이는 술을 담아놓고 쓰는 손잡이가 달린 물병이다.

Watering Hole(워터링 홀)

칵테일 라운지, 바 또는 술집의 속어이다.

Whisky(위스키)

위스키는 보리·호밀·밀·옥수수·귀리 등 곡물을 원료로 하여 발효 양조하고 이것을 증류하여 알코올을 만들어낸다. 곡주를 발효하여 190Proof 이상(rye, bourbon whisky는 !60proof 이하)으로 증류하여 만든 주정을 나무통에 저장하였다가 80Proof 정도로 희석하여 심판하는 증류주이다. 일반적으로 위스키는 스카치, 아이리시, 아메리칸, 캐나디안으로 나누어져 있다. 스카치는 스코틀랜드에서 위스키를 리큐르에 가까운 맛을 내기 위해 사탕을 넣어서 그록(물로 연하게 함)으로 하든지, 소다수로 타서 마시는 방법이 일반적이었다.

Wine(포도주)

포도주란 양조주의 대표적인 술로서 포도를 원료로 하여 만들어지는데, 지금으로부터 약 5,000년 전으로 거슬러 올라간다.

포도주의 분류

(1) 성질상의 분류
- ① Natural StillWine(14° Alc. or less)
- ② Sparkling Wine(14° Alc. or less)
- ③ Fortified Wine(16° ALc ~ 23° Alc)
- ④ Aromatized Wine(15° Alc. ~ 20° Alc)

(2) 색깔에 의한 분류
- ① White Wine, ② Red Wine, ③ Rose Wine, ④ Yellow Wine

(3) 맛에 의한 분류
- ① Dry Wine ② Table Wine ③ Sweet Wine

(4) 용도별 분류
- ① Appetizer Wine ② Dessert Wine ③ Sparkling Wine

Wine Cradle(와인 크레이들 : Wine Basket, Pannier)

와인을 뉘어놓은 손잡이가 달린 바구니 혹은 와인 바스켓을 말하며 레드 와인을 서브할 때 사용하는 것이다.

Wine Celler(와인 저장실)

와인 저장실은 실내온도가 50~55°F(섭씨 10~12도) 정도, 습도는 75%가 적당하며 빛이 너무 많으면 안 된다. 저장실은 오직 와인과 술 종류만 보관하여야 한다.

Wine Decanting(와인 디캔팅)

와인 디캔팅이란 침전물(sediment)이 있는 레드 와인을 그냥 서비스하면 와인 침전물이 글라스에 섞여 들어갈 염려가 있으므로 와인병을 1~2시간 똑바로 세워둔 후에 촛불 또는 전등을 와인병 목 부분에 비춰놓고 디캔터(decanter : 크리스털로 만든 마개가 있는 와인병)로 옮겨 붓다가 침전물이 지나가면 정지하여 순수한 와인과 침전물을 분리시키는 작업을 말한다.

Wine Label(와인 라벨)

상표와 생산자의 이름, 생산지, 포도품질 등급, 포도를 수확한 연도가 상세히 기재되는데, 특히 맛이 뛰어나고 질이 좋은 와인일수록 철저히 지켜지고 있다.

Wine List Number(와인 리스트 넘버)

샴페인이나 와인은 종류가 많으므로 각각 종류별로 번호를 붙여 주문하기 편리하도록 한 것이다.

Wine Taste(와인 시음)

와인은 술의 온도가 맛과 풍미를 좌우한다. 화이트 와인과 샴페인은 반드시 섭씨 10도 아래로 차갑게 해서 마셔야 되고 레드 와인은 18°의 상온에서 술이 지닌 복잡 미묘한 풍미가 충분히 일어나도록 하여 마신다. 어떤 종류의 와인이든지 반드시 투명한 글라스에 부어 마시는데 와인은 맛뿐만 아니라 빛깔도 함께 즐기기 때문이다. 와인은 술잔을 입에 기울일 때 먼저 은은히 퍼져 나오는 향기를 깊이 들이마시고 마실 때는 술을 한 입 가득히 마셔서 입안의 모든 부분으로 술을 테스팅한다.

Young Wine(영 와인)

포도주를 만들어서 오랜 기간 숙성하지 않고 1~2년 저장하여 5년 이내에 마시는 포도주를 말한다.

Zombie(좀비)

칵테일 이름으로, 남태평양제도에서 돈(Don)이라는 백인에 의해 만들어졌으며 그 뜻은 마법으로 죽은 사람을 되살아나게 한다는 초자연의 힘이나 그렇게 되살아난 사람을 의미한다.

04

카지노 및 연회장 부문 용어

01 카지노 부문

Ace(에이스)

주사위(dice)의 눈금 하나. 카드 게임에서는 1 또는 11로 계산된다.

Action(액션)

카지노뿐만 아니라 다른 카드 게임에서도 쓰이는 말로 베팅을 하는 행위 또는 그 액수로 인한 게임의 상황을 말한다.

Advantage(어드밴티지)

게임에서 플레이어 또는 카지노가 상대방에 비해 유리한 정도를 %로 나타낸 것. 예를 들어 어떤 게임에서 플레이어의 어드밴티지가 1%라면, 이것은 플레이어가 한 번 베팅할 때마다 평균적으로 베팅액의 1%를 딴다는 의미이다. 이 경우 카지노의 어드밴티지는 −1%가 된다.

Against the House(어겐스트 더 하우스)

고객 당사자 간이 아닌 카지노와 승부가 걸리는 경우를 말한다.

Anchor Man(앵커맨)

B/J 블랙잭 게임 테이블에서 마지막 핸드(hand)에 게임하는 사람을 말한다.

Ante(앙뜨)

포커에서 카드를 돌리기 전에 거는 기본 베팅을 말한다.

Apron(에프론)

룰렛 휠 주위의 칩스를 정리하는 장소를 말하며, 딜러가 이곳에서 칩스를 다룬다.

Arranging(어레인징)

셔플(shuffle)된 카드를 스퀘어링 덱(squaring deck)으로 정리하는 동작이다.

Back Off(백 오프)

카지노가 블랙잭 플레이어에게 카지노 출입을 금지시키는 조치를 말한다. 이보다 가벼운 조치로는 베팅 금액을 조절하지 못하게 하거나, 아주 작은 베팅 스프레드만 하게 된다.

Bank(뱅크)

칩스·카드 등을 보관하는 사무실을 말한다.

Banker(뱅커)

바카라게임에서 카드를 나눠주는 역할을 하는 사람이다.

Bankroll(뱅크롤)

도박자금. 어떤 이에게는 전 재산이 뱅크롤일 수도 있고, 전문 플레이어라면 자기 재산 중 도박만을 위해 따로 얼마의 자금을 떼어둔다.

Bar(바)

카지노에서 블랙잭 게임을 더 이상 못하게 된 상태이다. 바(bar)를 당한 이후에도 블랙잭 게임을 하면 체포당할 수도 있다(라스베이거스에서는 아직도 플레이어의 카운팅이 불법인지 여부에 대한 논란이 계속되고 있다). 바는 카지노 측에서 카드 카운터에 대해 취하는 여러 가지 제한들 중 가장 강력한 조치이다.

Bet(벳)

테이블 게임에서 고객이 게임에 참여하기 위하여 칩스를 거는 것을 말한다.

Bet Down(벳다운)

"베팅을 시작하십시오"라는 의미로 딜러가 하는 말이다.

Burn Card(번 카드)

게임을 시작하기 전에 첫 번째 카드를 사용하지 않고 버리는 것을 말한다.

Bet Spread(벳 스프레드)

최소 베팅금액과 최대 베팅금액의 범위를 말한다.

Bust(버스트)

블랙잭 게임에서 카드의 합계가 21을 초과한 것. 이때는 딜러의 카드와 관계없이 무조건 진다.

Buy In(바이 인)

게임을 하기 위하여 칩스를 구입하는 것을 말한다.

Casino Bar(카지노 바)

18세기경 도시나 해변 등지의 특급호텔 또는 별장에서 도박·춤 등 사교를 위한 오락시설이었다. 현재 이용 형태는 각 국가마다 다소 차이가 있는데 한국의 경우는 외국인 전용이다.

Collection Manager(컬렉션 매니저)

비교적 새로운 직종으로서 카지노 지배인을 직접 보좌하며 수금하는 역할을 한다.

Card Eating(카드 이팅)

의도적으로 슈에 남은 카드를 빠르게 소진시키는 플레이 행위를 말한다. 슈에 남은 카드가 대부분 로우 카드라고 판단될 경우 투핸드 플레이를 해서 남은 카드를 빨리 소진시키는 행위 등을 말한다.

Cashier(캐셔)

칩스를 현금화하는 환전소를 말한다.

Cash In(캐시 인)

칩스를 현금으로 바꾸는 것이다(cash out이라고도 함).

Chips(칩스)

게임 테이블에서 현금 대신 사용하는 것이다.

Cash Chip(Regular Casino Chip)

언제든지 현금화할 수 있는 칩. 포린 칩(foreign chips)은 다른 카지노장의 칩을 뜻한다.

Chips Tray(칩스 트레이)

게임 테이블에서 칩스를 담아놓는 곳(chips rack이라고도 함)을 말한다.

Color Change(컬러 체인지)

게임진행 중 고액의 칩스를 저액 칩스로 저액의 칩스를 고액의 칩스로 바꾸는 것을 말한다.

Comp(콤프)

게임 고객에게 제공되는 무료 서비스(complimentary의 약어).

Cocktail(칵테일)

음료수 또는 주류를 서빙하는 여자 종사원을 말한다.

Dead Card(데드 카드)

해당게임에서 이미 사용된 카드이다.

Deal(딜)

카지노에서 고객과 직접 게임을 하는 종사원의 행위이다.

Dealer(딜러)

카지노 게임에서 게임을 진행하는 종사원을 뜻하며, 딜러가 계속 이겨서 플레이어들이 돈을 많이 잃었을 때의 딜러를 핫 딜러(hot dealer), 딜러가 돈을 많이 잃은 딜러는 콜드 딜러(cold dealer)라고 한다.

Deck(덱)

52장의 카드 한 조를 일컫는 말이며, 싱글 덱(single deck)은 카드가 1조(52장)인 것, 더블 덱(double deck)은 카드가 2조(104장)인 것, 멀티 덱(multi deck)은 카드가 여러 조인 것을 뜻한다.

Discard(디스카드)

카드가 다시 셔플될 때까지 디스카드 홀더에서 대기 중인, 이미 사용된 카드이다.

Discard Holder(디스카드 홀더)

게임에서 이미 사용되었던 카드를 모아두는 통이다.

Double Down(더블다운)

블랙잭에서 고객이 처음 두 장의 카드 합에 관계없이 한 장의 카드만을 추가로 받는다는 조건하에 추가로 베팅하는 전술이다.

Even Money(이븐 머니)

카지노의 21-게임에서 딜러가 가진 앞면 카드가 '에이스(ace)'이고, 게임자의 첫 번째 2장의 카드가 '블랙잭(blackjack)'일 때, 딜러가 다운 카드를 보지 않은 상황에서 게임자의 요구에 의해 1.5배가 아닌 1배를 지불하는 것을 말한다. 또한 그 베트에 동등한 금액으로 위닝하는 기회를 베터에게 제공하는 베팅상의 확률을 말한다.

Face Card[Picture Card(페이스 카드 : 픽처 카드)]

Jack, Queen, King과 같이 사람의 얼굴이 그려져 있는 카드. 블랙잭에서는 10과 같은 가치를 가지고 있다.

Face Down Card[Hole Card(페이스 다운 카드 : 홀 카드)]

보이지 않도록 엎어둔 카드이다.

Face Up Card(페이스 업 카드)

딜러의 카드 중 보이도록 해놓은 카드이다.

Fist Base(퍼스트 베이스)

블랙잭에서 맨 먼저 카드를 받는 플레이어. 마지막으로 카드를 받는 플레이어는 서드 베이스(third base)라고 부른다.

Flat betting(플랫 베팅)

항상 일정한 금액을 베팅하는 것을 말한다.

Floor Person(플로어 퍼슨)

테이블 게임의 1차 감독자이다.

High Roller(하이 롤러)

한 번에 많은 돈을 베팅하는 플레이어를 말한다(반대말 bloomer).

Hit(힛)

블랙잭에서 카드를 더 받겠다는 의사 표시이다.

House(하우스)

카지노를 뜻하며, 카지노에서 딴 돈을 하우스 머니(house money), 해당 카지노에서 적용되는 규칙을 하우스 룰(house rule)이라고 한다.

Insurance(인슈어런스)

블랙잭에서 딜러의 블랙잭 가능성에 대비하여 플레이어가 택하는 전술. 딜러의 블랙잭에 대한 일종의 보험금이다.

Maximum(맥시멈 벳)

베팅할 수 있는 최대한도를 말한다.

Minimum(미니멈 벳)

베팅할 수 있는 최소한도를 말한다.

No Mid-Shoe Entry(노 미드 슈 엔트리)

게임이 진행 중인 테이블에 새로운 플레이어의 게임 참여를 불허하는 규칙. 게임에 참여한 플레이어라 하더라도 중간에 잠시 자리를 비운 경우에는 진행 중인 슈의 카드를 모두 소진할 때까지 역시 게임에 참가하지 못한다.

Pit(피트)

게임 테이블로 둘러싸인 장소. 카지노 게임 운영의 최소 행정단위이다.

Pit Boss(피트 보스)

피트(pit)를 책임지는 간부, 플로어 퍼슨을 감독한다.

Player(플레이어)

카지노 게임을 하는 고객. 바카라에서 뱅커(banker)의 상대편이다.

Push(푸시)

블랙잭 게임에서 딜러와 고객이 비긴 경우를 말한다.

Rainbow Bet(레인보우 벳)

여러 가지 액면의 칩을 뒤섞어서 베팅하는 행위로, 주로 베팅을 얼마나 늘리는지 모르도록 하기 위한 수단이다.

Raider(라이더)

테이블에 앉지 않고, 뒤에 서서 베팅하는 사람이다.

Shoe(슈)

게임에 사용되는 카드를 담아두는 통이다.

Shuffle(셔플)

카드를 고루 섞는 것을 말한다.

Side Bet(사이드 벳)

블랙잭 게임을 위한 원래의 베팅 외에 별도의 게임에 대한 베팅. 인슈런스도 사이드 벳의 일종이다. 게임 형태가 무엇이든 사이드 벳이 이루어지는 게임은 모두 카지노가 유리하도록 짜여져 있다.

Slot Machine(슬롯머신)

기계에 부착된 핸들이나 버튼을 사용하여 게임한 후 그 결과에 따라 미리 정해진 배당표에 의해 시상금액이 지불되는 게임기를 말한다.

Soft Player(소프트 플레이어)

경험이 별로 없는 손님(a inexperienced gambler)을 말한다.

Softy(소프티 : A poor player)

테이블 리미트(limits)가 작은 게임만 하는 고객을 말한다.

Stiff(스티프)

행운이 안 따르는 플레이어(player) 또는 팁을 별로 주지 않는 사람을 말한다.

Split(스플릿)

블랙잭에서 처음 두 장의 카드가 같은 숫자인 경우, 각각을 두 개의 패로 나누어 게임하는 전술이다.

Stack(스택)

칩을 20개씩 한 줄로 높게 쌓아 놓은 것이다.

Stay Stand(스테이 스탠드)

블랙잭에서 더 이상의 카드는 받지 않겠다는 의사표시를 말한다.

Streak(스트리크)

잃거나 따는 라운드가 연속적으로 발생하는 현상. 게임의 흐름을 말하는 것이다.

Strip(스트립)

카드를 대충 나누면서 손으로 섞음을 말한다.

Security(시큐리티)

카지노장 내의 질서유지를 위한 카지노장 내부 치안요원이다.

Video Machine(비디오 머신)

릴(reel) 대신 모니터가 장착되어 있어 버튼을 눌러 게임하는 기계이다.

Washing(워싱)

셔플(shuffle)을 하기 전에 카드의 뒷면을 보인 채, 손으로 카드를 섞는 행위를 말한다.

02 연회장 부문

After Care(애프터케어)

연회장에서 행사가 끝나고 1일 또는 2일 후에 행사가 있었던 거래처를 방문하여 행사 시 불편했던 사항이나 불평을 듣고 행사에 대한 감사를 표시하는 것을 말한다.

Ballroom(볼룸)

호텔 댄스장, 대연회장이라고도 한다.

Beverage Bring-in(음료 반입)

연회주최자 측에서 필요한 음료를 연회장 내에 가지고 오는 것을 말한다. 이때 수량, 품목, 연회일시, 연회장 명, 반입자 성명 등을 필히 확인하고 리스트를 작성하여 점검한 후 인수한다. 반입된 품목들은 연회종료 후에 작성된 리스트를 기본으로 하여 주최자의 확인 아래 수량을 파악, 재고 등을 최종 점검한 후 주최자의 지시에 따라 처리한다.

Decoration(데커레이션)

데커레이션이란 행사진행을 위한 각종 장치와 장식을 말한다.

DNP(부착하지 마시오 : Do Not Post)

행사표(event sheet)에서 흔히 찾아볼 수 있는 것으로 게시판에 부착하지 말아 달라는 의미이다.

E-Shapes(E형 배열)

U형과 똑같은 배열방법을 취하나 E형은 많은 인원이 식사를 할 때 이용되며 테이블 안쪽의 의자와 뒷면 의자의 사이는 다니기에 편리하도록 120cm 정도의 간격을 유지하여야 한다.

Numbering Stand(넘버링 스탠드)

연회행사나 컨벤션 시 참석자가 본인의 테이블을 찾기 쉽도록 하기 위하여 각 테이블마다 표시한 번호를 말한다.

Oblong-Shape(1자형 배열 또는 이사회형 배열)

예상되는 참석자 수에 따라 테이블을 배열하며 60″×30″, 72″×30″ 테이블을 2개 붙여서 배치하는데, 의자와 의자의 간격은 60cm의 공간을 유지하도록 하며 특히 고객의 다리가 테이블 다리에 걸리지 않게 유의한다. 이 형태는 작은 모임에 많이 사용된다.

Outside Catering(출장연회)

연회주최자가 자신의 건물에서 연회를 베풀고자 하는 경우로 여러 가지가 있을 수 있으며 형태 · 스타일 · 규모가 다양하다. 출장연회란 연회행사를 부득이하게 호텔 내의 연회장에서 하지 못하고 고객이 원하는 장소나 시간에 행하는 행사이다. 요리 · 음료 · 식기 · 테이블 등 모든 호텔기물을 고객이 원하는 장소에 운반하여 고객이 만족할 만한 연회행사를 실시하는 것을 말한다.

Oval Shape(오벌형 배열)

I형 테이블 모형과 비슷하게 배열하나, 오벌형은 양쪽에 하프 라운드(half round)를 붙여 사용한다.

Public Room(공공실 매상)

무도회 · 강연회 · 세미나 · 전람회 등을 위해 빌려준 연회장 · 회의실 등의 수입을 말한다.

Round Table Shape(원형 테이블)

많은 인원을 수용하여 식사와 함께 제공하는 디너쇼나 패션쇼 등의 테이블을 배치할 때 많이 쓰이며, 테이블과 테이블의 간격은 3.3m 정도, 의자와 의자 사이의 간격은 90cm 정도로 하고, 양쪽 통로는 60cm 공간을 유지하도록 한다.

Stacking Chair(스태킹 체어)

의자를 여러 개 포개어 쌓을 수 있도록 만든 의자로서 많은 양이 필요한 컨벤션이나 연회행사에 많은 양을 한꺼번에 이동할 수 있다.

T-Shape(T형 배열)

이 형태는 많은 사람이 헤드 테이블에 앉을 때 유용하다. 헤드 테이블을 중심으로 T형을 길게 배열할 수 있으며 상황에 따라서 테이블의 폭을 2배로 늘릴 수 있다.

Theater Style(극장식 배열)

연회 테이블 및 의자 배치가 극장식으로 배열될 경우 의자와 의자 사이를 공간이라 부르며, 의자의 앞줄과 뒷줄 사이를 간격이라 한다.

U-Shape(U형 배열)

U형에서는 일반적으로 60″×30″의 직사각형 테이블을 사용하는데 테이블 전체 길이는 연회행사 인원수에 따라 다르며, 일반적으로 의자와 의자 사이에는 50~60cm의 공간을 유지하며 식사의 성격에 따라서 더 넓은 공간을 필요로 할 경우도 있다.

05

호텔관광 정보 · 회계 부문 용어

01 정보 부문
02 회계 부문

01 정보 부문

Electronic Locking System(전자식 자물쇠 시스템 : ELS)

컴퓨터화된 객실 잠금장치이다.

File(파일)

관련된 레코드의 집합으로 예를 들면 재고관리에서 항목별 명세서의 각 요소가 필드이며 가로선 한 줄이 레코드이다. 즉 파일이란 정보처리를 목적으로 조직적으로 수집된 정보이다.

Flow Chart(순서도)

어떤 과정을 표시하기 위하여 여러 가지의 유통기호를 사용하여 그림으로 나타내는 시스템의 분석기법이다.

Format(서식문)

특정한 자료의 배치 및 인쇄하는 경우의 양식 · 형식을 하게 하는 서식문을 말한다.

02 회계 부문

Account(고객 거래처)

호텔관광 기업체가 판촉하는 데 있어서의 지정 거래처, 즉 기업 · 항공사 · 여행사 · 대사관 · 관공서를 말한다.

Account Card(고객 계산서 : Guest Bill. Guest Ledger. Folio)

고객의 원장 개념으로서 투숙객이 작성한 등록카드에 의하여 계산을 받을 수 있도록 기록을 유지하기 위한 호텔회계에서 사용하는 양식이다.

Accout Form(계정식 대차대조표)

대차대조표를 좌우 양측으로 나누어 차변 측에는 자산의 항목을 대변 측에는 부채 및 자본의 항목을 설정하여 양측의 합계를 평균시켜 표시한 것을 말한다.

Audit(감사)

호텔의 하루 동안 운영된 모든 영업 현황, 즉 객실, 식음료, 기타 부대시설에 관한 계산서를 정확하게 기재되었는지 또한 모든 기록이 정확하게 결산되었는지 확인하는 업무이다.

Balance Sheet(대차대조표 : B/S)

일정시점에서 기업의 자산과 부채와 자본의 상태를 명확하게 하기 위하여 작성하는 일람표로 기업의 재무상태를 표시한다.

Bar Charge(바 차지)

주장 부문의 판매 거래에서 발생한 수입의 합계이다.

Bill(계산서, 영수증 : Chit. Check)

호텔의 객실, 식음료, 기타 부대시설에서 쓰이고 있는 계산서 · 청구서 · 영수증이다.

Black List(불량거래자 명단 : Cancellation Bulletin)

신용거래 중지자 명단으로 불량카드의 정보자료이다. 통제되는 원인으로는 도난이나 분실 또는 연체 등으로서 카드회사에서 작성하여 각 가맹점에 배부한다.

Break-Even Point(손익분기점, 채산점)

비용과 수익이 동일한 매출액을 말하는 것으로서, 즉 일정기간의 총수익의 합계로부터 총비용의 합계를 차감한 금액을 손익분기점이라 한다.

Breakage(브레이키지)

포괄요금에 포함된 식사 또는 기타 서비스를 고객이 이용하지 않음으로써 호텔 측에 발생되는 소득이다.

Budget(예산)

호텔 경영상의 한 기간 동안(1년)에 수입과 비용을 설정하는 것이다.

Cash Bar(캐시 바)

고객이 술값을 지불하는 객실 내 바(bar)를 말한다. 호스트 바(host bar)와 대조적이라 알려져 있다.

Cash Desk(캐시 데스크 : Cashier Table)

계산대, 카운터이다.

Cash Drawer(금전등록기)

프런트 데스크에서 현금거래와 수지를 조정하는 데 사용되는 기계이다.

Cash on Delivery System(캐시 온 딜리버리 시스템 : Self Service System)

좌석회전이 빠르고 메뉴가 단순한 카페테리아에서 운영되며 고객이 회계원에게 메뉴 항목을 주문하면서 요금을 선납한다.

Cash Out(캐시 아웃)

근무종료 시 당일의 업무를 마감하여 금액 확인 및 결산을 보고하고 직무를 마치는 것을 말한다.

Cash Sheet(캐시 시트)

오피스 수납원에 의해 통제 보관되는 현금수급 기록표이다.

Cash Transactions(현금거래)

현금거래는 전적으로 현금의 수입이나 지출이 수반되는 거래이다. 현금거래는 현금수입을 가져오는 입금거래와 현금 지출을 요하는 출금거래로 구분한다.

Cashier's Report(출납보고서)

교대종료 시 각 영업장 현금 수납원에 의해서 작성되는 입금액 명세서로 현금 입금봉투에 이를 미리 인쇄하여 사용함으로써 내용을 편리하고 정확하게 파악할 수 있다.

Charge Collect(차지 컬렉트 : 운임착지 지급)

요금을 상대방이 지급하는 방법으로 장거리전화 등에서 잘 이용되는 제도이다.

Chit(식음료용 계산서 : Check, Restaurant Bill)

레스토랑 등에서의 청구 전표를 말한다.

Chit Tray(치트 트레이)

고객에게 잔돈을 거슬러 줄 때 사용하는 작은 쟁반이다.

Commission(수수료 : Commissionable)

여행업자가 다른 여행업자 · 운송업자 · 숙박업자 등의 관련 업자에게 일정한 행위의 결과 보수로서 얻어지는 취급요금을 말한다.

Conversion Table(환산표)

환전 시 교환율이 적혀 있는 표로서 환율표라고도 한다.

Cost(원가)

※ 원가의 3요소 : 재료비 · 노무비 · 경비

Credit Manager(여신관리자 : 후불담당 지배인)

호텔의 후불담당 책임자로서 개인 고객, 회사 및 단체의 후불조건 예약신청 등을 승인하고 관리하는 책임자이다.

Deposit Reservation(선수예약금)

객실예약 기타 부대시설의 예약을 위해 고객이 미리 지급하는 선수금으로 호텔에서의 선수금으로 된다.

Easy Check(이지 체크 : 신용카드 조회기)

카드회사와 한국정보통신 그리고 가맹점(호텔)이 온라인(on-Line)으로 연결되어 불량카드 여부를 컴퓨터에 의해서 체크하는 시스템이다.

Exchange Commission(환가료)

은행의 자금부담에 따른 이자조로 받는 수수료를 말한다.

Exchange Rate(환율)

외국환의 거래는 자국통화 대 타국통화의 매매 시 교환비율을 말한다.

First In First Out(선입 선출법 : FIFO)

소비된 재고자산의 단가 결정에 있어 먼저 구매되어 들어온 것이 먼저 소비된다는 가정하에서 매입 순으로 단가를 적용시키므로 매입순법이라고도 한다.

Folio(고객원장 : Account Card, Guest Bill)

고객에 대한 기록을 적극적으로 통제하기 위하여 일련번호가 적혀 있다. ② 고객기록의 사내 통제수단이다. ③ 단기수취계정기록을 유지·보관하기 위하여 호텔에서 사용하는 특별한 서식으로 기계로 작성하는 것과 컴퓨터로 작성하는 것이다.

Food & Beverage Cashier(식음료 회계원 : Restaurant Cashier)

레스토랑을 이용하는 고객들의 계산을 관리·징수하는 곳이다. 그리고 항상 식음료 판매상품의 종류와 단가를 숙지하여 신속·정확한 정산이 이루어지도록 하여야 한다.

Food Cost Control(식료 원가관리)

경영방침 또는 판매계획에 따른 목표상품으로서 요리의 품질 및 분량에 맞게 식료를 구매·제조·판매함으로써 가능한 한 최대의 이익을 확보하기 위한 제 원가관리 활동이다.

Foreign Exchange Rate(외환율)

자국화폐와 교환되는 타국화폐의 비율을 말한다.

Front Office Cashier(프런트 오피스 캐셔)

프런트 오피스 캐셔는 투숙객이 프런트에 등록을 하면 동시에 업무가 발생하게 되는데, 주로 투숙객의 실료 및 식음료 그리고 기타 시설이용에 따르는 모든 계산을 통합·관리·징수하는 곳이다.

Fund(펀드)

환전자금. 이것은 경리부로부터 제너럴 캐셔(general cashier)가 차용하여 각각의 회계원이 영업을 할 수 있도록 가지급 형식으로 차입하여, 환전마감 시 외환과 잔금을 합하여 차입액과 같이 제너럴 캐셔에게 입금시킨다.

General Cashier(제너럴 캐셔 : 회계주임)

1일 영업 중에서 발생하는 현금 결제계정을 총괄, 수합하고 그 현금을 은행에 입금하여 영업장 영업에서 소요되는 현금 기금의 가지급 및 회수와 관리 등의 일을 맡는다.

Grand Total(그랜드 토털)

호텔에서 발생하는 단가(@)에 봉사료(service charge)를 합하면 공급가액이라고 하고 공급가액에 부가가치세(VAT)를 합하면 판매가액이 되는데 이 총합계를 그랜드 토털이라고 한다.

Guarantee(개런티)

서비스를 받게 될 사람의 수를 나타내는 것으로 적어도 연회의 24시간 전에 연회기획 담당자가 계산해 산출한 고객의 숫자이다. 대부분의 호텔은 이 연회예약자 수에서 적어도 5% 이상을 추가로 더 준비하며, 보증된 연회고객 수 또는 실제 참석한 고객 수 중 많은 숫자를 기준으로 하여 지급한다.

Guest Charge(게스트 차지)

고객의 청구서에 기재된 모든 청구액, 즉 서비스, 전화, 미니바, 호텔의 부대시설 사용에 대한 비용의 합계를 말한다.

Guest Check(숙박객 청구서)

식당 및 주장의 고객에게 청구하는 전표로 바우처(voucher)라고 부르기도 한다. 접객원의 주문 전표(waiter order slip)를 게스트 체크(guest check)로 병행하는 경우도 있다.

Guest Ledger(고객원장 : Room Ledger, Transient Ledger)

호텔회계에 있어 미수금원장(city ledger)과 구분되는 것으로 등록된 고객에 대한 원장이다.

Host Bar(호스트 바 : Open Bar, Sponsor Bar)

객실 내에 설치되어 있고 스폰서에 의해 미리 지급이 되어 있기 때문에 무료로 마실 수 있는 바로서 스폰서 또는 오픈바(open bar)로도 소개된다.

Hot List(취소명단 : Cancellation Card Bulletion)

크레디트 회사에서 발행한 카드의 무효자 명부로 카드의 분실 또는 도난된 것의 취소를 알리는 데 사용된다.

Hotel Exchange Rate(호텔 환율)

호텔 프런트 캐셔의 환전원은 정부 지정통화의 당일 환율거래를 거래 외국환은행으로부터 통보받아 이를 고객에게 고시하고(일반적으로 정오 기준) 이를 적용하여 환전하며 환전

액의 100분의 1의 범위 내에서 환전 수수료를 받을 수 있게 되어 있다.

House Bank(하우스 뱅크)

환전업무를 용이하게 하도록 일정금액을 프런트 캐셔에게 전도하여 책임지우고 보관하여 놓은 것을 말한다.

Income Controller(영업회계 관리자 : Income Auditor)

영업회계 관리자는 호텔의 다양한 모든 수입에 대한 최종적인 감사의 책임을 진다. 일반적으로 수입회계는 프런트 오피스의 출납원 또는 야간 감사에 의해 처리된다. 객실수입은 룸 카운트 시트(room count sheet)에 의해 확인되며, 각 부문별 수입금액은 부문별 수입 일계표나 전표를 토대로 수입관리를 한다. 또한 감사자는 숙박카드와 같은 증빙서류, 식당계산서, 전화전표 등을 검증하고 확인하는 일을 한다.

Material Cost(재료비)

재료비는 호텔이나 레스토랑 사업체에서 식음료 비용을 말하는 것으로 음식·술 등의 비용을 말한다.

Paid(현금결재)

현금계산으로, 호텔요금의 현금지급을 뜻한다.

Receipt(영수증 : Bill. Check)

고객에게 주는 영수증이다.

Room Number Key(룸 넘버 키)

현관회계기(NCR)에서 객실의 번호를 찍기 위한 버튼을 말한다.

Standard Glassware(표준 글라스웨어)

표준 드링크 레피시에 제시된 또는 표준 드링크 사이즈에 적절한 잔을 사용하기 위하여 특정한 아이템에 대하여 특정한 표준 잔이 필요하다는 것이다.

Standard Recipes(표준 조리기준)

표준 조리기준은 호텔 레스토랑 사업에서 매우 중요한 푸드코스트(food cost)에 필요한 항목이다. 이것은 일정한 품질의 양과 식음료를 만들기 위한 지침이고, 거듭된 정확한 시험을 거친 후 결정된다. 또한 이것은 재료의 수량을 기록하고, 조리 준비과정이나 메뉴를 완성함에 있어서 1인분의 양을 조절·통제하는 데 아주 유용하다. 표준 조리기준이 어떻게, 어디서 책정 지어지는가는 호텔 조리시설에 달려 있다.

Void Bill(보이드 빌)

식음료 계산서 처리 시 영업 중 고객이나 종업원에 의하여 정정 혹은 수정되거나 기타 훼손 등으로 해서 불가피하게 무효화된 계산서를 말한다.

06

여행사 부문 용어

01 여행사 부문

01 여행사 부문

Adult Fare(ADT : 어덜트 페어)

만 12세 이상 성인에게 적용되는 요금을 의미한다.

ADD-ON(애드온)

국제선 항공권을 구입하면서 지방 연결 편 항공권을 같이 구입하는 비용을 말한다.

Airline Code(에어라인 코드)

특정 항공사를 나타내는 알파벳 약호를 의미한다.

Agent Debit Memo(ADM)

항공권 발권을 잘못하였을 경우 해당 항공사에서 여행사로 발행되는 슬립이며 차액을 재정산한다.

Actual Time of Arrival(ATA)

실제 비행기가 도착하는 시간을 말한다.

Actual Time of Departure(ATD)

실제 비행기가 출발하는 시간을 말한다.

Advanced Passenger Information System(APIS)

사전 입국심사제도로 모든 승객의 패스포드 데이터(passport

data)를 PNR에 입력하면 해당 항공사에서 관계 당국에 관한 자료를 사전 통보하여 해당 국가 도착 시 해당 편 모든 승객이 보다 신속하게 입국심사를 받을 수 있도록 하는 제도이다.

Amtrak(앰트랙)

미국 철도 패스를 말한다.

Authorization(AUTH)

항공사에서 항공권에 대해 할인이 주어질 경우 할인이 주어진 내역과 성격을 코드화한 것. 또는 할인 조건내용을 확인하는 것을 말한다.

Block(블록)

호텔의 객실과 항공기 좌석 등을 한꺼번에 확보해두는 것을 말한다.

Billing Settlement Plan(BSP)

여행사에서 직접 항공권을 발권하는 기능을 말한다.

Cancellation(Fee, Charge) Cancel(CXL)

취소·삭제를 의미하며 예약된 것을 예정대로 고객이 사용하지 않는 것에 대하여 부과하는 요금을 말한다.

Connection Flight(커넥션 플라이트)

연결 비행 편으로 승객이 비행기를 바꿔 탑승해야 하는 구간을 말한다.

Code Share(코드 셰어)

각 항공사가 타사의 항공편을 운항 제휴된 항공사의 코드를 사용하여 운항토록 한 항공사들 간의 약정으로 공동 운항을 뜻한다.

Catering(케이터링)

항공기에 기내식 관련 식품류를 탑재하는 것을 의미한다.

Credit Card Charge Form(CCCF)

신용카드로 BSP항공권을 결제할 경우 사용하는 전표이다.

Charter Flight(차터 플라이트)

전세기를 말한다.

CIQ

세관(Customs), 출입국관리(Immigration), 검역(Quarantine)의 약칭. 출입국 때 반드시 거쳐야 하는 3대 수속이다.

Cathode Ray Tube(CRT)

컴퓨터에 연결되어 있는 전산장비의 일종으로 컴퓨터에 저장되어 있는 정보를 즉시 볼 수 있고 필요시 입력할 수 있다.

Dupe(Duplicate, Double) Booking

이중예약을 의미한다.

Daily Sales Report(DSR)

항공권 판매에 관한 일일 판매 보고서를 말한다.

Electronic Travel Authority(ETA) 제도

항공사에서 호주입국 비자를 간단하게 받을 수 있는 전산처리 입국심사제도를 말한다.

Excursion Fare(회유운임)

어느 특정 구역에만 적용되는 운임으로 통상적으로 보통운임보다 약간 저액으로 되어 있다. 단 여러 가지 제한요건이 붙어 있어 유효기간도 23일 또는 14일 등으로 특별히 정해져 있다. special fare의 일종이다.

Endorsement(엔도스먼트)

타 항공사로 항공권의 권리를 양도하는 것을 의미하며, Non-Endorsable의 경우 타 항공사의 비행 편으로 양도는 불가한다.

Excess Baggage(엑세스 배기지)

무료 수화물 허용량을 초과하는 수화물을 지칭한다.

Familiarzation Tour(Fam Tour)

항공사 혹은 호텔에서 여행사 관계자들에게 신상품 등에 대하여 판매를 증진시키기 위해 제공하는 여행을 말한다.

Free of Charge(FOC)

15인 이상 단체 승객을 인솔하는 승객에게 제공되는 무료항공권을 의미한다.

Greenwich Mean Time(GMT)

세계 공통의 표준시간을 말한다.

Group Inclusive Tour(GV)

성인 10명 이상의 구성원이 두 구간 이상의 동일구간(왕복)을 같은 날짜에 함께 여행하는 경우를 말한다.

Intermediate Point(인터미디에이트 포인트)

갈아타는 지점을 말한다.

MCO

항공사에서 항공운임이나 초과 수화물 요금 등의 지불 혹은 차액 등의 환불을 위한 지불 수단을 말한다.

Mileage System(마일리지 시스템)

승객이 여행한 거리에 의해 운임이 결정되는 방식을 말한다.

No Record(No Rec)

승객이 티켓을 소지하였으나 항공사 측 전산예약 기록이 없는 경우를 말한다.

Non-Stop(논스톱)

목적지까지 도중 체류하지 않는 항공운항을 말한다.

Neutral Unit of Construction(NUC)

전산상 가상화폐를 의미한다.

Open Ticket(오픈 티켓)

보통 돌아오는 날짜를 구체적으로 정하지 않고 예약한 항공권을 말한다.

Optional Tour(옵셔널 투어)

임의관광 즉 미리 계획하지 않고 필요에 따라 선택하는 관광을 의미한다.

Passenger Name Record(PNR)

예약전산 시스템에 예약을 기록해놓은 것을 말한다.

Prepaid Ticket Advice(PTA)

타 도시에 있는 승객에게 항공권을 발급해주는 제도를 말한다.

Restrictions/Endorsements(리스트릭션스/엔도스먼츠)

각종 제한사항, 주의사항 등을 프리포맷(free format)으로 기재하는 난을 말한다.

Reissue(리이슈)

재발권을 하는 경우를 말한다.

Refund(리펀드)

항공운임의 환불을 말한다.

Rerouting(리루팅)

발권된 항공권 상에 명시된 여정의 변경을 말하며 승객의 자발적 여정변경과 비자발적 여정변경으로 나눌 수 있다.

Round Trip(라운드 트립)

왕복 여정을 말한다.

Routing System(라우팅 시스템)

출발지와 목적지 간 운임과 함께 여정이 공시되어 승객의 여정이 이에 부합될 경우 해당 운임을 그대로 징수하는 방식을 말한다.

Stopover on Company's Account(STPC)

경유항공편을 제공하는 항공사가 당일연결이 불가능할 때 고객의 편의를 위해 경유지 공항 근처의 호텔 등을 제공해 주는 것을 일컫는다. 일본을 경유해 장거리 여행을 할 경우 일본에서 1박을 하게 되는 경우가 있는데 아예 호텔 및 조식을 포함해 판매하는 항공사들이 있다.

Stop Over(스톱 오버)

장거리 노선의 경우 경유지에서 24시간 이상 체류를 하고 최종 목적지로 향하는 것을 의미한다. 24시간 이내면 트랜싯(transit), 그 이상이면 스톱 오버(stop over)라고 한다.

Ticket Time Limit(TL, TTL)

일정시점까지 항공권을 구입해야 하는 시간을 말한다.

Transit Without Visa(TWOV)

무사증통과란 해외여행 시 특정한 목적이 있어 어떤 국가를 방문하는 것이 아니고 항공기를 바꾸어 타고 제3국으로 여행하기 위한 일시 체류를 목적으로 입국할 경우, 사증 없이도 입국이 가능한 제도이다. 이 TWOV제도는 각국마다 조건과 체류할 수 있는 기간이 다르다.

Transfer(트랜스퍼)

목적지 이전에 중간 기착지에서 다른 비행기로 갈아타는 것을 말한다.

VOID(보이드)

무효

Voucher(바우처)

숙박시설 · 식사 등 확약된 지불 확정서를 말한다.

Wavier(웨이버)

규정에서 벗어나지만 요금 · 일정 등의 규정위배 부분을 묵인 혹은 승인해주는 것을 말한다.

REFERENCEREFERENCEREFERENCEREFERENCEREFERENCEREFER

참고문헌

이재섭, 호텔용어, 기문사, 1996.

안동윤, 관광용어사전, 법문사, 1985.

호텔용어사전. 백산출판사, 레저산업진흥연구소, 1998.

진병렬 · 김나희, 관광호텔 전문용어, 대왕사, 1999.

김일채 · 한진수, 호텔 용어사전, 형설출판사, 1994.

허용덕 · 호관광용어, 백산출판사, 1995.

관광공사 서비스 매뉴얼, 관광협회, 1988.

호텔업무 관광공사, 1993.

롯데호텔 매뉴얼.

신라호텔 매뉴얼.

인터컨티넨탈호텔 매뉴얼.

신형섭, 호텔 경영서비스 실무, 한빛사, 1999.

신형섭, 호텔 객실서비스 실무론, 학문사, 1999.

신형섭, 호텔 식음료서비스 실무론, 기문사 1998.

한국관관공사, 관광용어사전(Dictionary of Traval Industry), 1984.

관광산업 경영연구회, 観光用語がやかる事典, 昭和59年.

Charles J, Metelka, The Dictionary of Hospitality, Traval and Tourism, 1990.

David P Vonde, Service Management System, 1990.

Philip Uotler, Marleting Management, 1989.

|||| 저자약력 ||||

■ 신 형 섭

-세종대학교 대학원 호텔관광경영학과 석사 졸업
-세종대학교 대학원 호텔관광경영학과 박사 졸업
-Germany Babaria Hotel Manament School 연수 수료
-Enderun Colleges 연수
-Lyceum University 연수
-인터컨티넨탈호텔 근무 외 여행·관광 산업체 12년 근무
-American Hotel & Motel Association CHA 총지배인 자격 취득
-투어에스코터 자격
-와인 소믈리에 자격
-커피 바리스타 자격
-호텔 서비스사 자격
-국내 관광안내사 자격
-법률실무사 자격
-한국관광협회 중앙회 호텔등급 심사위원
-한국산업인력공단 조주기능사 심사위원
-E-Trinning 심사위원
-호텔 서비스사 및 국내 관광안내사 면접위원
-한국호텔경영관리사협회 자문위원
-원광여행사 상임감사
-한국호텔리조트카지노산학학회 총무부회장
-한국호텔관광학회 정책부회장
-한국호텔외식경영학회 이사
-문화관광발전위원회 위원장
-전주TBN교통방송 고정 출연
-아리랑방송 고정 출연
-현) 원광보건대학교 호텔관광과 교수
-저서 :《호스피탈리티 경영실무》 외 10여 편
-논문 :〈호텔기업문화가 조직구조특성과 노사안정성과 조직성과에 미치는 영향 연구〉 외 다수

■ 박 진 회

-광주대학교 호텔관광경영학과 박사 수료
-경희대학교 호텔관광대학원 와인컨설턴트 과정 수료
-성신여자대학교 평생교육원 커피과정 수료
-전주 코아호텔 근무
-세화여행사 근무
-엘지여행사 근무
-한국호텔관광학회 이사
-호텔 서비스사 자격
-와인 소믈리에 1급 자격
-커피 바리스타 1급자격
-조주기능사 자격
-국내 관광안내사 자격
-법률실무사 자격
-투어에스코터 자격
-현) ㈜코레벵 보나베띠 매니저 근무
-현) 청운대학교 호텔관광컨벤션학과 외래교수
-현) 원광보건대학교 호텔관광과 겸임교수
-저서 :《호텔관광 용어해설》 외 다수
-논문 :〈와인 전문 레스토랑의 점포 이미지가 고객지향성과 추천의도에 미치는 영향〉 외 다수

호텔관광 실무용어

2020년 2월 25일 1판 3쇄 발행

저 자 신형섭 · 박진희
발행인 남 승 우

발행처 도서출판 상尙 학學 당堂

서울시 동작구 사당로9가길 6(사당동)
TEL : 02) 595-1692～4
FAX : 02) 595-1394
E-mail : namdoo6@unitel.co.kr
신고 : 2-155호 (1968. 11. 29)

정가 22,000원

ISBN 978-89-6587-103-3 93980

※ 이 책의 저작권은 저자에게 있으며, 저자의 동의 없이 복사 · 인용 · 복제 · 전재를 금합니다.

〈디자인〉 편집 이선경 / 표지 나아기획